心理遊戲

好好玩

彩色
隨身版

腦力＆創意工作室◎編著

前 言 *Introduction*

心理遊戲雖然與專業的心理測試有明顯的區別，但仍有相當的準確性。目前在網路和各種流行報刊上出現的心理測試逐漸簡單化、趣味化，容易被大眾所接受。誰也不知道到底從什麼時候開始，這類測試如雨後春筍般從學校，從考場延伸到社會的。

我們可以抱著一種輕鬆、樂觀的心態做一些選擇題而得到不同的分數，然後根據總分所處的分數段，得出自己是怎樣一種性格，或者自己選擇怎樣的伴侶最合適等等。這種帶有心理遊戲性質的測試題一經出現，很快就風靡各種雜誌，尤其是青年時尚雜誌。這種大眾化的心理遊戲，可以讓我們輕鬆的從中發現自我、瞭解自身。

在本書當中，你可以找出這些問題的答案：對方是怎樣的人？我能不能一眼看透他的內心？你為人處世的能力怎樣？你的情感、婚姻生活是否順利？在

職場中你是否如魚得水？......等等。從性格測試到情感測試，再到職場測試，本書精心選取了許多好玩又兼具理論基礎心理遊戲，可以成為你健康心靈的醫生，情感生活的顧問，成就事業的風向標。讓你在遊戲中發現自己性格的神秘基因，打開心靈之門，感悟愛的真諦。

本書最大的特點是圖文並茂、雅俗共賞，書中有另類獨特、行文詼諧有趣的心理故事和遊戲，也有嚴謹、高雅獲得社會認可，科學知識表述得準確精闢的專業測試，是一本不可多得的集趣味性與科學性於一體的大眾心理讀本。

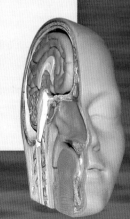

Table of Contents

Table of Contents

妳也可以解夢

解答分析見 P110

夢是一種奇異的現象,而做夢的經驗也是人所共有的。夢在心理學上的解釋:夢是睡眠中,在某一階段的意識狀態下所產生的一種自發性的心理活動。在此心理活動中個體身心變化的整個歷程,稱為做夢（dreaming）。妳做過這樣的夢嗎?

A. 沿著圍牆散步。

B. 化妝。

C. 與人交談。

D. 千奇百怪的衣服。

E. 剪票口。

F. 污水。

H. 錯過了班次。

I. 飛翔。

點菜看性格

解答分析見 P111

當妳和朋友或同事到飯店用餐時，妳點菜時一般是：

A、先點好，再視情況而變動。

B、請店員先說明菜的情況後再點菜。

C、先說出自己想吃的那道菜。

D、點和別人一樣的菜。

E、不管別人，只點自己喜歡吃的菜。

F、猶猶豫豫，點菜慢吞吞的，拿不定主意。

衣飾選擇透露妳的小祕密

解答分析見 P111

穿衣戴帽,各愛一套。這是指每個人對衣飾色澤、款式的取捨大體是有規律的,這其中大有學問,按心理學家的說法,是潛意識取向的直接表示。本測驗得出的衣飾與內心關係的結論準確得讓妳驚訝。佔大多數的選項即為那一型。

Q1、妳一般是怎樣購置服裝的?
A. 促銷時,一次買足需要的衣服。
B. 選購衣服,十分仔細,各方面適合才買。
C. 只要一眼看中了,不管一切立即買下。

Q2、妳是如何選擇穿衣服的?
A. 穿什麼無所謂。
B. 只要搭配協調就是美。
C. 我一定要打扮得時髦高雅。

Q3、選擇上班的衣服時,妳的標準是:
A. 不必很特別,普通即可。
B. 只要清潔、整齊、大方就好。

C. 刻意裝飾。

Q4、公司為全體職員訂做了制服，妳會：
    A. 不論上下班，總穿著制服。
    B. 只在上班時穿，下班立即換上其他衣服。
    C. 舉凡可能，上班也盡量避免穿制服。

Q5、妳對服裝設計師所設計的作品如何看待？
    A. 沒考慮過。
    B. 想請人設計一套，準備穿上幾年。
    C. 只要條件允許，將請人設計所有的衣服。

Q6、如果出席特別的場合，妳的標準是：
    A. 讓天氣決定自己該穿什麼。
    B. 挑一件最出色的。
    C. 趕緊去購一套新裝。

Q7、不知不覺中妳重了三、四公斤，妳會：
    A. 勉強湊和穿舊有的衣服。
    B. 立刻著手減肥。
    C. 順勢再添幾件新裝。

Q8、妳這次買衣服是有預算的，可是最後卻超出很多，以
    致於發生「經濟危機」，妳會：
    A. 儘快忘掉此事，盼早日發薪水。
    B. 設法把部分衣服轉賣給朋友或同事。
    C. 找些藉口做解釋，自我安慰。

從小動作窺視他的內心

解答分析見 P112

平常無意流露出的動作，表明那個人的本性。相互對照，觀察他的樣子。

A. 常常低頭。
B. 兩手腕交叉。
C. 摸弄頭髮。
D. 到處張望。
E. 靠著某種物體。
F. 托腮。
G. 把手放在嘴上。
H. 手握著手臂。

看衣服識女人

解答分析見 P113

女人和衣飾結下不解之緣,與生俱來,女人抱怨最多的就是沒有衣飾,難怪說女人的衣櫃裡永遠少一件衣服,儘管她的衣服多到已經裝不下了。正因為女人有了衣飾的包裝,我們的生活才有了多姿的色彩,才構成了這獨特的風景。從女人喜歡的服飾中,我們可以窺見她的內心。

A、絲質衣服。
B、白色棉衣。
C、印花衣裳。
D、淡粉衣飾。
E、明亮豔色。
F、寬大衣衫。

看鞋子識男人

解答分析見 P113

目前，在英國女性中流傳著一種新的擇偶方法，她們在一分鐘之內就可以確定眼前的這個男人是不是自己夢想中的白馬王子，而這一切都是透過看男人腳上穿的鞋子來確定的。請問，妳的如意郎君是如何穿鞋的呢？

A、重複購買固定式樣鞋子。

B、穿鞋很節儉。

C、不在乎自己穿什麼鞋子，亂穿一通。

D、喜歡穿休閒鞋。

E、愛穿正統黑皮鞋。

女人坐姿中的風情

解答分析見 P114

如果你是男士，就想一想你女友的坐姿；如果妳是個妙齡少女，就回想一下自己坐下的曼妙姿態是怎樣的？

A、蹺著二郎腿。

B、雙腳併攏，外傾於一個固定方向。

C、坐時常將腳尖相互交叉。

D、膝蓋靠近，膝蓋以下叉開。

聞香識女人

解答分析見 P115

16

如果妳與心儀已久的男士第一次共進晚餐，會選擇哪種香水赴約呢？

A、玫瑰的花香。

B、野百合的清香。

C、水果的甜香。

D、東方神祕的幽香。

拿杯子與妳的欲望

解答分析見 P116

如果妳參加一場宴會，當服務生端著啤酒給妳，而托盤裡的杯子有著不同份量的啤酒，妳會選擇哪一杯？

A、全滿。

B、正準備要倒入的空杯。

C、半杯。

D、七分滿。

吃水果的學問

解答分析見 P117

專家認為，根據人們日常對某種水果的喜好可以判斷出一個人的性格特徵來。那麼妳喜歡吃以下哪種水果呢？

A、桃子。
B、梨子。
C、葡萄。
D、西瓜。
E、橘子。
F、草莓。
G、櫻桃。
H、蘋果。

從熬夜習慣測性格

解答分析見 P118

19

過兩天，你就要參加升職面試了，你拼命熬夜看書。今夜你決定取消和周公的約會。然而睡魔不斷騷擾，這時候你會如何克服強烈的睡意呢？

A、先小睡一會兒，醒來再繼續看書。

B、放音樂聽，邊聽、邊唱、邊看書。

C、吃泡麵、吃零食。

DREAM

雙手的姿勢與心態

解答分析見 P118

觀察一個人走路時雙手保持怎樣的姿態，並從中透視其內心，妳肯定會覺得妙趣橫生。

A、握拳狀。

B、五指伸得筆直。

C、插入口袋。

D、五指微屈。

20

「眉語」見情緒

解答分析見 P119

相貌和表情有十分密切的關係，比如生氣的時候，眉毛就會有「橫眉怒目」的情形。生氣時，眉毛的尾端會向上揚；哭泣的時候，眉毛的末端會向下垂。由此可見，眉毛和眼睛一樣，都可以說是心靈的視窗。請問你是何種眉型呢？

A、**上揚眉。**
B、**下垂眉。**
C、**一字眉。**
D、**月牙眉。**
E、**刀型眉。**
F、**濃而雜亂之眉。**
G、**掃帚眉。**
H、**羅漢眉。**

交談看「眼神」

解答分析見 P120

眼睛被稱為「五官之王」，在人的五種感覺器官中是最敏銳的，大概佔感覺領域的70%以上。古人說：「存之人者，莫良於眸子，眸不能掩其惡。胸中正，則眸子降，胸中不正，則眸子眩。」從眼睛裡流露出真心是理所當然的，眼睛就是「心靈之窗」。如果妳有求於人，看對方的眼神便知八九不離十。

A、眼神沉靜。

B、目光散亂。

C、眼神流動，異於平時。

D、兩眼呆滯。

E、眼神陰沉。

F、眼神下垂。

睡姿顯真情

解答分析見 P121

23

睡姿決定了他是哪一種類型的伴侶，這是非常強烈的信號，因為他會選擇自己覺得最舒服的睡姿睡覺，這是無法作假的。

A、仰面朝天。

B、趴著睡。

C、側著身子睡。

DREAM

口頭禪暴露妳的個性

解答分析見 P121

經常掛在嘴邊的口頭禪可以暴露個性，這可是有心理根據的，不信妳測測看吧。下面的這些口頭禪，妳一般會說哪一句呢？

A、啊、呀、這個、那個、嗯。

B、可能是吧、或許是吧、大概是吧。

C、說真的、老實說、的確、不騙妳。

D、但是、不過。

E、聽說、據說、聽人講。

F、應該、必須、必定會、一定要。

高官、小吏還是平民？

解答分析見 P122

有一天在路上，妳遇到分別很久的舊情人，你們相約到附近的酒吧去坐坐，除了聊聊目前的生活之外，不免也會談起往昔的時光，這時，妳最怕舊情人提起什麼？

A、分手時的感覺。

B、初次相識的甜蜜回憶。

C、有一次出國遊玩的經歷。

D、當初介入妳們之間的第三者。

25

性格的顏色

解答分析見 P123

依據顏色喜好做性格判斷，始於德國心理學家魯米艾爾，之後，這種研究風行世界。

以下測驗可以從體驗顏色的絕妙中審視自己隱藏的心理。請問，妳最喜歡下列哪一種顏色的窗簾呢？

A、紅色。

B、黃色。

C、藍色。

D、白色。

別把自己不當回事

解答分析見 P124

自卑是心理問題最主要的癥結之一，沉重的自卑感可以使人垮掉、使人心灰意冷，無所事事。下面我們不妨進行一個自我測驗，妳若有興趣知道自己是否也心存自卑感，就請認真完成以下10道選擇題。（評分標準：回答「是」得1分，「否」得0分，最後統計妳的總得分。）

Q1、常常自問：「我是很行的嗎？」這類問題。

Q2、遇到難題，妳想尋求幫助，但又不願開口求人，怕被別人取笑或輕視。

Q3、妳是個愛虛榮的人。

Q4、妳覺得入境隨俗是件困難的事。

Q5、當別人遇到麻煩時，妳常會有幸災樂禍的感覺。

Q6、妳愛向人自誇自己的能力和「光榮歷史」。

Q7、妳常覺得自己是不利處境下的犧牲品。

Q8、妳認為學業成績、工作成績是很重要的。

Q9、妳覺得人的面子最重要，輕易認錯是很沒面子的行為。

Q10、妳害怕陌生人或陌生的地方。

妳的挫折感在哪裡？

解答分析見 P124

當妳打開自家的大門準備外出時，突然撞到某人，不小心跌了一跤，妳認為對方會是怎樣的人呢？

A、 送報紙的小伙子。

B、 鄰居家的小姐。

C、 去晨練的頑固老頭。

D、 建築工人。

E、 時尚青年。

28

自卑的癥結

解答分析見 P125

如果妳是一位考古學家，來到一座古墓前探險。陵墓裡有一扇石門，上面刻有美麗的雕塑，妳會對哪種圖案感興趣呢？

A、女神的雕刻。

B、大力士的雕刻。

C、荊棘的雕刻。

D、咒文雕刻。

花之物語

解答分析見 P125

妳來到美麗的花園中，愛美的妳會選擇在哪個地方留影呢？

A、一大朵牡丹花的前面。

B、在左右對稱的芍藥花前面。

C、花圃中。

D、在丁香樹下。

30

找出妳的交際弱點

解答分析見 P126

31

妳覺得在老闆身上最不能讓妳忍受的是什麼？

A、情緒不穩定，容易「歇斯底里」，對員工實行精神壓
　　迫。

B、專制，不聽取下屬的意見。

C、不公平，偏袒部分人，打擊部分人。

D、有暴力傾向。

DREAM

基本性格傾向

解答分析見 P127

俗話說：「不到長城非好漢。」當妳來到長城遊覽時想要拍照留念，妳是如何拍攝的呢？

A、只拍上半身。

B、和朋友一起拍團體照。

C、在長城上拍全身照。

D、在山海關城下拍個人照，但盡量把自己拍的不那麼顯眼。

E、只拍長城內外的風景，不拍自己。

水仙花與自戀情結

解答分析見 P128

在上班途中，突然遇到大雨，妳急忙走入便利商店打算買一把雨傘應急。店裡一共有五款雨傘，妳會選購哪一款呢？

A、普通的老式雨傘。

B、折疊傘。

C、上面有圓點圖案的。

D、上面畫有奧運吉祥物的。

E、造型獨特的。

33

DREAM

妳有多愛自己？

解答分析見 P128

一天晚上，妳看見路燈下站著一個背對著妳的女孩，
妳猜想她轉過身來的時候，臉應該是怎樣的呢？

A、濃妝豔抹，一看就是不良女子。

B、俏皮地扮著鬼臉。

C、因為哭太久的緣故，雙眼紅腫。

D、焦灼不安，可能沒有等到男朋友。

E、面無血色，眼冒綠光。

妳承受得住嗎？

解答分析見 P129

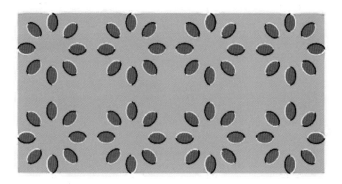

35

仔細看上面這幅圖，妳認為圖片保持了什麼樣的狀態？

A、靜止。

B、緩慢轉動。

C、飛速轉動。

DREAM

月老的紅線

解答分析見 P129

月老在中國民間是一個家喻戶曉的人物，祂主管世間男女婚姻，在冥冥之中以紅繩繫男女之足，以定姻緣。趁月老打盹的時候，自己不妨測一測你／妳和他／她的緣分，看看月老的紅線牽對了沒有？方法很簡單，將你／妳和他／她的生日日子相減（年分和月分不計），如25號減5號=20，結果是幾就到第幾站查詢結果，蠻準的哦！

得之，我幸

解答分析見 P132

在以下的文字中憑直覺選出一個字，答案就會告訴妳
容易跟哪類異性迸出愛的火花。

A、董。

B、周。

C、主。

D、播。

E、星。

DREAM

女巫的寶石

解答分析見 P132

傳說在遙遠的森林裡有一位神祕的女巫,她有一塊幸運的寶石,有幸親眼見到她的人,都可以在寶石面前許一個願望,所有的美夢都會成真。人們對此半信半疑,妳如何看待這件事呢?

A、不相信會有女巫,不肯做尋找女巫的傻事。

B、抱著試一試的想法上了路,剛走進森林裡就遇到了一位美麗善良的姑娘,誤以為她就是女巫變的,於是請求姑娘做自己的妻子,過著幸福生活。後來雖然知道了這位姑娘不是女巫而是獵人的女兒,仍然無怨無悔。

C、相信真的會有女巫,並且決定去尋找她。走到半路,不幸生了一場大病,於是放棄了尋找。

D、相信真的會有女巫,歷經千辛萬苦去尋找,走遍了那座森林也沒有見到女巫的蹤影,最後失望地死在樹林中。

E、相信真的會有女巫，歷經千辛萬苦卻沒有找到。但是，
　　森林的腹地有一片美不勝收的綠洲，他決定在這裡建一
　　座自己的小屋，快樂地生活下去。

DREAM

愛情在哪裡？

解答分析見 P133

假如妳寫了一首歌，其中有一句「幸福的戀情是……」妳會如何填寫呢？

A、溫柔如水的。

B、燦爛奪目的。

C、歡聚在一起的感覺。

D、夏天的味道。

心中的他會成為妳的王子嗎？

解答分析見 P133

以下有四種意境，請妳發揮想像力，選出與妳心中所
嚮往的「海闊天空」最符合的一項。

A、一望無際的大草原。

B、一片蔚藍的海洋。

C、一列火車經過廣闊的沙漠。

D、從高樓上俯瞰都市大地。

41

APAE&

DREAM

蒙娜麗莎

解答分析見 P134

如果蒙娜麗莎赤裸著身體站在你面前，你認為她的雙手會放在哪兒呢？

A、放在胸口。

B、兩手下垂。

C、張開呈V字形。

42

顏色透露妳的性格和戀愛癖

解答分析見 P135

用妳的直覺在以下八種顏色中選出

A. 紅色。
B. 黃色。
C. 藍色。
D. 綠色。
E. 黑色。
F. 紫色。
G. 棕色。
H. 粉紅色。

43

（1）妳最喜歡的顏色？
（2）妳最討厭的顏色？

戀愛疑心病

解答分析見 P138

在妳過生日的時候，最希望情人送給妳什麼樣的禮物呢？

A、花光所有的積蓄買珠寶首飾。

B、相當於他一個月薪水的時裝。

C、買一件價錢不算貴的日常生活用品。

D、能省則省，簡單吃頓飯就行了。

E、真心說一句「我愛妳」，勝過一切！

妳適不適合相親？

解答分析見 P138

1、妳慕名買了一本暢銷書刊，事前妳已經看過其中精
　彩的片段。當妳開始看書時，妳會選擇怎樣的方式
　觀看呢？

　　A、快速翻開，直接看妳最感興趣的部分。
　　B、透過目錄選擇有趣的部分。
　　C、從頭看到尾，像平常那樣看完。
　　選A和B，請轉向第二題；選C，請直接看答案。

2、如果有機會相親的對象請妳吃冰淇淋，妳會選擇什
　麼樣的吃法？

　　A、和他到哈根達斯店，兩個人坐下來吃。
　　B、去買SARA LEE 的盒裝霜淇淋蛋糕，帶回家吃。
　　C、在街旁商店隨便買一支甜筒。
　　選B和C，請轉向第三題；選A，請直接看答案。

3、妳夢想中的完美情人形象，應該是什麼樣子？

　　A、有個性的男人。
　　B、像初戀情人的樣子。
　　C、沒有什麼具體形象，只要有感覺就行。

雙人遊戲猜透妳的另一半

解答分析見 P139

這是一個設計非常巧妙的雙人遊戲，下面的問題看起來非常簡單，妳在看第一眼時，絕對不會認為這個測驗會準確無誤地判斷出測驗者的心理狀態。

如果讓妳心儀的男人做這個測驗的話，妳做好準備吧！這個測驗會讓妳知道許多關於他的個人形象、他的愛情生活、他的朋友等諸如此類的資訊。事先準備好一枝筆和幾張紙，妳需要做的就是一邊提問，一邊記下他給出的答案。請妳注意，最好一個個進行測驗，而且在一個相對私密的場合。

問題1：在一個沙漠中，你看到一個立方體。相對於地面而言，這個立方體有多大？它是什麼材質的？它透明嗎？妳能看到裡面的東西嗎？

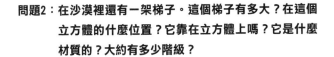

問題2：在沙漠裡還有一架梯子。這個梯子有多大？在這個
　　　　立方體的什麼位置？它靠在立方體上嗎？它是什麼
　　　　材質的？大約有多少階級？

問題3：沙漠裡還有一匹馬。馬離梯子的距離有多遠？馬有
　　　　多大？是什麼顏色的？身上有沒有馬鞍、韁繩、毯
　　　　子之類的東西？請描述一下這匹馬在做什麼？

問題4：這時，突然來了一陣暴風雨。暴風雨的強度有多
　　　　大？距離立方體有多遠？對立方體有什麼影響？暴
　　　　風雨一下就過去了還是持續不斷？

少女的心思

解答分析見 P140

終於要和網友泡泡龍見面了，雖然之前在線上聊了好幾個月，今天還是第一次面對面，妳不由得緊張起來，心中的小鹿撞個不停。見面的時候，妳眼前一亮，「嗯，長得還不錯哦！」很有周杰倫的靦腆和酷帥勁。

問題1：這時，他會邀妳一起去哪兒？（此測驗，可以檢驗出妳對愛情死心塌地的指數）

　　A、河堤、公園散步聊天。

　　B、一起去玩雲霄飛車。

　　C、去咖啡屋。

　　D、去三個月前預約的超有名餐廳。

　　E、陪妳一起逛街。

接下來——

妳和網友泡泡龍一連約會了好幾次，雙方都很熟了，一天，他在MSN上對妳說，他要帶珍藏好多年的錢幣給妳瞧瞧。

問題2：請妳以直覺來選擇，他帶給妳的將會是什麼樣的錢幣？（這個測驗可以立刻看穿妳的另一半有沒有外遇傾向）

A、外國很有特色的紙幣或硬幣。

B、古代錢幣。

C、限量版的紀念幣。

D、名人使用並收藏過的錢幣。

APAE4

DREAM

戀愛中的小氣鬼

解答分析見 P142

妳和朋友出去玩時不小心忘了時間，趕不上最後一班公車了，回家的路很漫長，步行回去是不可能的事情。這時，妳腦海裡所浮現的第一個解決方法是什麼呢？

A、聯絡住在附近的親友，看看能不能借宿一晚。

B、住旅館，或是去網咖熬一夜。

C、雖然貴了點，還是搭計程車回家。

D、請好友開車送妳一程。

妳對愛忠誠嗎？

解答分析見 P143

這位女士正在餐廳裡與人談話，不過，談話的對象被椅背遮住了。妳認為她在和什麼人交談呢？

A、同性朋友。

B、異性朋友。

C、餐廳服務員。

一邊是愛情，一邊是友情

解答分析見 P143

妳與閨中好友一起到新加坡旅遊，回來的時候想購買一枚戒指留做紀念。來到珠寶店，妳會選擇哪一種款式呢？

A、做工精巧細緻的戒指。

B、價格高昂的寶石戒指。

C、鑲有鑽石的小型戒指。

D、引人注目的奢華大鑽戒。

甜蜜愛情的障礙物

解答分析見 P144

53

妳單獨去野外郊遊,正當興致勃勃之際,沒想到一隻老虎迎面走來,這時妳會採取怎樣的應對方式呢?

A、恨不得多生兩條腿,拼命逃跑。

B、靈機一動,躺下來裝死。

C、嚇得挪不動腳步,呆立原地。

D、爬到最近的一棵大樹上。

DREAM

愛情試題

解答分析見 P145

妳在同性好友家裡作客,此時窗外正在:

一、A、下著濛濛細雨;B、出現了日全食;C、颳起了旋風;D、飛揚著紅色的雪)。

妳與好友及其情人,在一個

54

二、A、尷尬; B、浪漫;C、曖昧;D、沉悶

的氛圍中,共進了晚餐。隨後,妳一個人在客廳看電視,此時正在播放娛樂新聞,是在報:

三、A、某明星的緋聞;B、某明星性醜聞;C、某明星出新專輯;D、人們對某明星穿著打扮的評價)。

突然,妳聽見廚房裡傳來爭吵聲,接著:

四、A、一顆番茄;B、一根大蔥;C、一瓶米醋;D、一塊切菜板

飛了出來。還沒等妳回過神來,

五、A、電鍋；B、米缸；C、水桶；D、菜刀

也被拋進了客廳。妳急忙站起身來，這時兩人從廚房
裡扭打著出來了，而且越打越凶，連

六、A、檯燈； B、花瓶； C、碗碟；D、相框

都打爛了。於是，妳連忙打電話向妳的

七、A、情人；B、密友；C、舊情人； D、父母）

求助，誰知對方不但不來幫妳，還責怪妳多管閒事捲
入別人的家庭是非。妳聽後很生氣，在電話裡和對方
吵了起來，聲音越來越大。妳的好友和其情人停止了
吵鬧，走上前來勸妳不要激動。妳此時已經聽不進任
何勸解的話，甚至反過來責怪好友兩人。於是，升級
為4人口舌戰。這個故事帶給人們的教訓是：

八、A、天氣不好不要外出； B、不要單獨一個人和另外一
對情侶共進晚餐；C、自己並不是救世主；D、聚會人數
是雙數或許好一點）。

DREAM

無可奈何花落去

解答分析見 P146

假設妳已戀愛多年遲遲沒有結婚，或者妳已經結婚卻不喜歡這個婚姻。如果妳想走出婚姻的圍城，會用什麼理由結束妳們之間的關係呢？

A、彼此性格不合，人生價值觀有分歧。

B、失去了吸引力，不想再愛下去。

C、麵包和愛情二者不能兼得，只得忍痛割愛。

D、對方有了外遇。

愛情EQ

解答分析見 P146

妳有一段刻骨銘心的舊戀情,但是最終兩個人還是沒有走在一起。這時,妳擁有了新的情人,而且彼此的感情愈來愈好。面對手上新、舊情人的照片,妳會如何擺放呢?

57

A、一起擺在床頭。

B、擺在不同的地方。

C、將新感情留下,把舊回憶收起來。擺放新情人的照片,將舊情人的照片夾在日記本裡。

D、統統鎖進抽屜裡,等結婚後再說。

愛情操盤手

解答分析見 P147

山東濱海有一座著名的嶗山，層巒疊嶂，林木蔥蘢。據說，在那白雲繚繞的嶗山峰頂，居住著有道行的仙人。一天，妳慕名來到了這裡，希望道長傳授妳一些法術，道長有四種絕技，妳最想學習哪一種呢？

A、能以一身分出幾身、幾十身，乃至千百身的分身術。

B、能夠隱介藏形的隱身術。

C、被稱做「懾魂大法」的催眠術。

D、能算出妳的內心感應的讀心術。

愛情免疫力

解答分析見 P147

下列四種情況，哪一種是妳最喜歡的呢？

A、晴天在草地上肆意奔跑，開懷大笑。

B、陰天在懸崖上迎風而立。

C、雨天坐在窗前看外面人來人往。

D、雷聲轟鳴時，躲在被窩裡大聲尖叫。

妳是否依然愛我？

解答分析見 P148

當妳在公園裡散步時，看見長椅上坐著一位迷人的男子，他獨自一個人在那裡沉思，這時妳會有怎樣的反應呢？

A、 妳心裡會想：「他好像有煩心事，看起來好可憐。」

B、 彷彿沒有看見一樣，從他面前走過。

C、 「好像在等人呢！」

D、 「是不是被女朋友給甩了？」

愛情騙子的陷阱

解答分析見 P149

他是不是愛情騙子？我是不是被騙了？女人總希望遇到真心對待自己的男人，起碼別是個腳踏兩條船、不負責任的臭男人。做做以下的心理測驗，騙子騙子不要來。

開始測驗：妳最喜歡以下哪一種圖畫的組合？

A、兩隻鸚鵡都在鳥巢外飛翔。

B、一隻鸚鵡在巢中，一隻鸚鵡在外面飛。

C、兩隻鸚鵡都在鳥巢中。

婚姻品質白皮書

解答分析見 P150

下面有22道測驗題，妳和配偶測測看，妳們符合其中哪幾條？

Q1、 能說出配偶至交好友的名字。

Q2、 能明白配偶目前正面臨何種壓力。

Q3、 能知曉近來一直激怒配偶的一些人的名字。

Q4、 能道出配偶的某些人生夢想。

Q5、 能瞭解配偶基本的人生哲學。

Q6、 能列出配偶最不欣賞的那些親戚的名單。

Q7、 能感到配偶對妳瞭若指掌。

Q8、 分居兩地時，妳會經常思念配偶。

Q9、 妳時常會動情地撫摸或親吻配偶。

Q10、 配偶由衷地尊重妳。

Q11、 婚姻中充滿了熱情和激情。

Q12、 浪漫仍絕對是婚姻生活的一項內容。

Q13、 配偶欣賞妳所做的事情。

Q14、 配偶基本上喜歡妳的個性。

Q15、 大多數情況下性生活令雙方滿意。

Q16、 每天下班時配偶樂於見到妳。

Q17、 配偶是妳最要好的朋友之一。

Q18、熱衷彼此傾心交談。

Q19、討論問題時雙方均會做出許多取捨（兩人均有影響力）。

Q20、即使彼此意見相左，配偶也能尊敬地傾聽妳的觀點。

Q21、配偶一般是一位解決問題的高手。

Q22、彼此的基本價值觀和目標大致契合。

妳是怎樣的父母？

解答分析見 P150

現代生育率越來越低了，因為人的自我意識越來越高漲了，想不想知道妳會是怎樣的父母呢？就來回答下面這個問題吧！

請問：在平時，妳的孩子是怎樣稱呼妳的？

A、爸爸或媽媽。

B、爹地或媽咪。

C、各種親密的外號。

面對孩子的成長

解答分析見 P150

天剛濛濛亮的時候，妳的臥室裡突然闖入一個白乎乎的東西，由於光線較暗，嚇了妳一跳。仔細一看，原來是妳的愛犬，牠不知在哪個理髮店將一身的黃毛染成了白色，更讓妳吃驚的是，牠的嘴裡還叼著香菸，耀武揚威地走了進來。這時妳會有什麼樣的反應呢？

A、「我的寶貝，這樣做對身體可不好！」說著，妳奪下了牠嘴裡的香菸。

B、「吸菸是不是很爽啊？」妳拍著牠的腦袋問。

C、「給我也來一根！」妳笑著說。

D、「是不是成精啦？好可怕！」想到此，妳奪門而逃。

不能説的祕密

解答分析見 P151

經過一年精心準備和排練的話劇，終於要舉行公演
了。今天是公演的第一天，在演出開始前的那一刻，
坐在觀眾席上的導演突然顯得十分不安，露出了一副
憂心忡忡的表情。妳認為這位導演在擔心什麼呢？請
在下面的選項中，選出最適當的答案。

A、演員都不是大牌明星，擔心觀眾不捧場。

B、擔心演員説錯臺詞。

C、擔心演員弄錯登場順序。

D、擔心有的演員會穿插即興表演。

E、擔心燈光和音響會出現問題。

婚姻暴力離妳有多遠？

解答分析見 P151

深夜，妳從噩夢中驚醒，慌忙打開檯燈的開關，突然發現屋裡停電了。這時，妳最害怕的是下列哪一種情形？

A、朦朧的夜色下，一個黑影在窗外一閃而過。

B、走廊上突然傳來一陣沉重的腳步聲。

C、「吱」的一聲臥室的門莫名其妙地自動打開了。

D、沉沉的暗夜中，隱隱約約聽見有人在牆角啜泣。

妳是哪種類型的職員？

解答分析見 P152

Q1、在風很大的假日，妳會容易選擇在家裡而放棄外出活動嗎？

NO→3　　　YES→2

Q2、每到換季時節，妳都會到商場裡為自己添置新衣嗎？

NO→5　　　YES→4

Q3、妳喝咖啡一般都要放糖嗎？

NO→7　　　YES→6

Q4、妳喜歡吃川菜勝過粵菜嗎？

YES→8　　　NO→9

Q5、妳經常光顧速食店嗎？

YES→10　　　NO→11

Q6、在工作中的很多同事，都和妳關係要好嗎？

YES→12　　　NO→13

Q7、很多時候，妳覺得工作並不是一種負擔，而是一種樂趣？

YES→14　　　NO→12

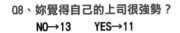

Q8、妳覺得自己的上司很強勢？
NO→13　　YES→11

Q9、妳工作時從不遲到，或者只有很偶然的遲到？
YES→14　　NO→12

Q10、在工作中妳總覺得自己的才華無處施展？
NO→11　　YES→D型

Q11、妳覺得絕對服從上司是有必要的？
NO→12　　YES→C型

Q12、妳覺得工作需要和自己的興趣相統一？

YES→A型　　NO→13

Q13、妳很喜歡在工作的時間做一些與工作無關的事情？
YES→E型　　NO→14

Q14、在工作中，妳總是不停的在做一件事情的善
後工作，很少一次OK？
YES→B型　　NO→ F 型

簡訊密碼

解答分析見 P153

一則小小的簡訊足以牽動我們的情緒，從一個人傳簡訊的小習慣中，就可以感受到他的性情和致命的弱點。

Q1、妳有沒有嘗試過自己編輯一些搞笑或煽情的簡訊？

    a 有過——2

    b 沒有——3

Q2、當妳收到朋友傳來的搞笑簡訊時，一般會怎麼做？

    a 會心一笑——4

    b 如果確實很有意思，會轉傳給其他朋友——3

    c 感到很無聊——5

Q3、妳對傳簡訊表白的方式怎麼看？

    a 這樣子更加含蓄、浪漫，可以避免當面表白可能帶來的尷尬——6

    b 這是缺乏勇氣的表現——4

Q4、傳簡訊時經常會用到語氣詞，妳一般會使用哪個字來表示肯定的意味呢？

    a 哦或噢——5

    b 嗯或啊——6

Q5、在臨睡前，妳比較習慣用哪種方式傳簡訊？
　　a 躺在床上傳簡訊──6
　　b 傳完簡訊再上床睡覺──7

Q6、晚上和朋友傳簡訊聊天，總會記得道一聲晚安或類似的
　　結束語嗎？
　　a 是，會的──8
　　b 不會，常常傳著傳著就睡著了──7

Q7、妳常常會忘記刪除，使得信箱裡充滿了簡訊嗎？
　　a 是的──8
　　b 不是，我會定期刪除一些簡訊──9

Q8、妳傳簡訊時一般？
　　a 一隻手扶著手機，另一隻手按鍵──11
　　b 一隻手同時抓著手機和按鍵──9
　　c 兩手同時抓著手機和按鍵──10

Q9、妳感到很無聊時，比較偏好於用哪種方式向朋友或戀人
　　傾訴？
　　a 傳簡訊──11
　　b 打電話──10

Q10、妳是不是常傳簡訊傳到一半就感到很不耐煩，轉而
　　打電話呢？
　　a 這種情況很少出現──13
　　b 是的──12

Q11、如果有不認識的人傳簡訊向妳表白，妳會？

    a 打電話回去詢問對方是誰──12

    b 傳簡訊詢問──14

    c 什麼也不問，先和對方聊聊再說──13

Q12、收到明顯是傳錯了而且絕無惡意的簡訊時，妳會？

    a 置之不理──A 型

    b 會好心回覆提醒一下──14

Q13、妳的簡訊鈴聲是？

    a 手機附帶的──12

    b 自己設置的或喜歡的鈴聲──B 型

Q14、妳沒事的時候喜歡查看自己以前傳過或收到的簡訊嗎？

    a 是的──C 型

    b 不是──D 型

72

跳槽族大逃亡

解答分析見 P154

領了年終獎金，就是跳槽族開始蠢蠢欲動的時候了，這裡有個簡單的實驗，可以看出妳效忠的程度噢！效忠指數低的人，要記得一輩子都不要讓老闆看妳打蛋的樣子，免得忠誠度曝光！現在要煎蛋，妳會選擇：

A、兩面都煎熟。

B、一邊煎熟，一邊半熟。

C、將蛋打散再煎。

D、亂炒一通。

5分鐘徹底瞭解妳自己

解答分析見 P155

本心理測驗是以著名的美國蘭德公司的經典心理測驗題為藍本，根據中國人心理特點加以改造後形成的測驗題，每道題只能選擇一個答案，以妳第一印象回答，把相對答案的分數加在一起即為妳的得分。

Q1、以下顏色妳最喜歡哪一種？

A、紫。 B、紅 。 C、白 。D、藍 。E、黃 。 F、黑 。

Q2、妳喜歡吃哪種水果？

A、橘子。B、草莓。C、鳳梨。D、蘋果。E、西瓜 。

Q3、最容易吸引妳的人是什麼類型的？

A、依賴妳的人。B、有才氣的人。C、優雅的人。D、性情豪放的人。E、善良的人。

Q4、妳最喜歡下列哪一種運動（不一定擅長）？

A、自行車。B、瑜珈。C、拳擊。 D、乒乓球。E、足球。F、跳舞。

Q5、妳最喜歡以下哪種天氣現象？

　　A、雨。B、風。C、雪。D、霧。E、雷電。

Q6、妳喜歡看哪類電影、電視劇？

　　A、戰爭槍戰類。B、童話神話類。C、自然科學類。D、倫理道德類。E、懸疑推理類。

Q7、妳認為自己較適合在以下哪一個城市中生活？

　　A、拉薩。B、麗江。C、昆明。D、杭州。E、西安。F、北京。

Q8、妳旅行時喜歡坐什麼交通工具？

　　A、飛機。B、自行車。C、汽車。D、火車。E、步行。

9、如果妳可以成為一種動物，妳希望自己是哪一種？

　　A、獅子。B、馬。C、狗。D、猴子。E、大象。F、貓。

Q10、如果必須與一種妳討厭的動物或昆蟲在一起生活，妳能容忍哪一種？

　　A、　蒼蠅。B、豬。C、老鼠。D、蛇。

Q11、天氣很熱，妳最希望選擇什麼方式消暑？

　　A、游泳。B、喝冷飲、C、開冷氣。

Q12、以下哪個是妳身邊必帶的物品？

A、手機。B、口紅。C、記事本。D、紙巾。E、打火機。

Q13、妳平時休閒經常去的地方？

A、郊外。 B、KTV。 C、公園。D、商場。E、酒吧。F、電影院。

Q14、如果妳擁有一棟別墅，妳認為它應當建立在哪裡？

A、湖邊。 B、草原。 C、海邊。 D、森林。 E、市中心。

Q15、妳希望自己的住家在一棟30層大樓的第幾層？

A、1層。B、7層。C、23層。 D、30層。E、18層。

標題／分數	A	B	C	D	E	F
Q1	2	15	8	5	12	3
Q2	15	2	10	3	5	
Q3	3	2	5	15	10	
Q4	3	2	8	5	10	15
Q5	5	3	2	10	15	
Q6	15	3	5	10	2	
Q7	3	1	5	10	8	15
Q8	10	3	5	2	15	
Q9	20	3	15	10	5	2
Q10	15	5	10	2		
Q11	5	10	15			
Q12	10	2	3	5	2	
Q13	2	20	5	10	15	3
Q14	2	3	5	10	15	
Q15	3	2	5	15	10	

職場成熟度

解答分析見 P156

如果妳在一家大公司任職，老闆起草了一份三頁長的計畫書讓妳去執行。妳看過之後，認為這個計畫不切實際，操作起來不但會增加成本，而且還會引起客戶和員工的不滿。在這種情況下，妳會怎麼做呢？

A、老闆永遠是對的，按照計畫書去執行，等出現問題後再提出自己的想法和建議。

B、採取迂迴、委婉的方式告訴老闆自己對於計畫書的看法，最終的決策還是由老闆做。

C、直接告訴老闆，這個計畫書不切實際，無法執行。

DREAM

走出自卑的沼澤地

解答分析見 P156

自卑感在某種程度上是一種激勵因素，一個人如果感到自卑，就會發憤圖強，力爭上游，取得成功。但是，沉重的自卑感也會使人垮掉。下面這個測驗將幫助妳找出問題產生的原因，妳只有對症下藥，克服自己的自卑感才能贏得一片屬於自己的天空。

測驗開始：

Q1、妳的身高與周圍的人相比如何？
    A、相當矮。
    B、差不多。
    C、高。

Q2、早晨，妳照鏡子後的第一個念頭是什麼？
    A、再漂亮點就好了。
    B、別無他想，毫不介意，蠻不在乎。
    C、想精心打扮一下。

Q3、聽到朋友正在説妳所喜歡的異性的壞話，妳怎麼辦？

　　A、斷然反駁説：「根本沒有那種事！」

　　B、擔心會不會是真的。

　　C、不管閒事，認為別人是別人，我是我。

Q4、遇到討厭的事妳會怎麼辦？

　　A、陷入深深的煩惱中。

　　B、吃喝玩樂時就忘記了。

　　C、向父母或朋友訴説。

Q5、妳被朋友和夥伴取過綽號、挖苦過嗎？

　　A、常有。

　　B、沒有。

　　C、偶爾有。

Q6、體育運動後，有「反正自己不行」的想法嗎？

　　A、常有。

　　B、沒有。

　　C、偶爾有。

DREAM

Q7、看到妳最近拍攝的照片有何想法？

    A、不稱心。

    B、拍得很好。

    C、還算可以。

Q8、被人稱做「不知趣的人」或者「蠢東西」時，妳怎麼辦？

    A、我也回敬他：「笨蛋！沒教養的！」

    B、心中感到不好受而流淚。

    C、不在乎。

Q9、妳有過在某件事上絕不亞於他人的自信嗎？

    A、有一兩次。

    B、沒有。

    C、我一直都非常有自信。

Q10、老師考過的考卷發下來了，朋友要看怎麼辦？

    A、把打分的地方折起來讓他們看不到。

    B、讓他們去看。

    C、將考卷全部藏起來。

Q11、如果妳某門功課（某項工作）不管怎樣努力，結果都
輸給妳的競爭對手時，妳怎麼辦？
A、儘管如此還是繼續挑戰，今後加把勁。
B、感到不行只好認輸。
C、從其他學科（工作）上競爭取勝。

Q12、如果知道比妳漂亮（帥氣）的小姐（小伙子），正迷戀
追求妳的小伙子（小姐）時，妳怎麼辦？
A、灰心喪氣。
B、向那位小姐（小伙子）挑戰。
C、毫不在乎，一如往常。

Q13、如果能夠有來生，妳認為以下三種選擇哪個較好？
A、做女人可夠受的，做男人較好。
B、想做個女人。
C、什麼都行，男女都一樣。

Q14、妳受周圍人的歡迎和愛戴嗎？
A、受歡迎和愛戴。
B、不受歡迎和愛戴。
C、不太清楚。

自我形象定位

解答分析見 P157

妳的形象定位在哪裡？如果妳還不確定，不妨來做做以下幾道測驗題：

Q1、妳認為自己屬於的類型是什麼？

　　A、為所欲為自由型。

　　B、重視人品氣度型。

　　C、精幹型。

　　D、夢幻型。

　　E、作秀型。

Q2、妳感到快樂的時候是？

　　A、在陽光下運動時。

　　B、傾聽別人說話時。

　　C、自己的才幹、能力受到肯定時。

　　D、和朋友來往時。

　　E、在家人面前出盡風頭時。

Q3、妳想嘗試的職業是？

　　A、記者、編輯、作家。

　　B、祕書、禮儀公關。

　　C、教師、經紀人。

　　D、兒童服飾店、花店。

　　E、服飾設計師、美容師。

Q4、妳將來的希望是？

　　A、自由自在，享受生活樂趣。

　　B、過著安穩、踏實的人生。

　　C、當社會領導者，活躍於社會。

　　D、重視人和，擁有溫暖的家庭。

　　E、像明星般存在。

Q5、妳最喜歡的顏色是？

　　A、地球色、民族色調。

　　B、灰色、中間色、穩重的顏色。

　　C、單色、藍色、樸素的顏色。

　　D、可愛而柔美的顏色。

　　E、明亮的顏色，具有對稱效果的顏色。

D R E A M

Q6、妳最喜歡的布料是？

A、易洗的（牛仔布、棉布休閒裝）。

B、質佳且輕（透明細紗、綢緞、毛料等）。

C、自然傳統（斜紋軟呢、毛製品等）。

D、柔軟、有花邊者（透明細紗、綢緞）。

E、變化不同質料組合而成者（皮革、紗丁、金屬絲質）。

Q7、妳最喜歡穿著的服裝是？

A、牛仔褲搭配T恤。

B、西裝套裝。

C、上衣、裙子或者長褲的組合。

D、質軟的短上衣和寬大的裙子。

E、線條不對稱的組合。

Q8、妳盛裝的設計是？

A、棉布配合絹質素材的上下裝。

B、綢緞的洋裝或者套裝。

C、訂做的時裝。

D、寬鬆的西裝。

E、奇特的組合。

Q9、妳喜歡的裝飾品是？

A、手製風格，民族風。

B、像針織品的小型飾物。

C、簡單輕巧而正統者。

D、可愛、稍大而華麗者。

E、大膽設計，也是稍大而獨特者。

Q10、妳喜歡的細布裝扮是？

A、結上絲巾、套裝、上衣。

B、柔軟的寬裙、蝴蝶結，柔美的曲線。

C、訂做的、簡單大方的。

D、寬鬆的長袖。

E、對稱的、線條突出的。

Q11、妳喜歡的髮型是？

A、休閒型、不必太麻煩的。

B、修整妥貼、一絲不苟者。

C、稍微捲曲的正統髮型。

D、有波浪的華麗髮型。

E、深刻明顯特徵的髮型。

Q12、妳喜歡的裝扮是？

    A、自然最美。

    B、薄施脂粉，輕妝淡抹。

    C、最低限度的修飾裝扮

    D、可愛又美麗的裝扮。

    E、輪廓明顯，具有立體感的裝扮。

Q13、妳喜愛的時裝款式是？

    A、輕便、粗糙點，但穿著時不會感到沉硬。

    B、輕柔中不失高尚。

    C、整體剪裁的訂做型。

    D、富有女人味的設計。

    E、獨特且線條強烈的設計。

Q14、最搭配妳的形象是？

    A、非正式、不驕矜的感覺。

    B、輕柔、保守的感覺。

    C、正統且整體一致的感覺。

    D、華麗富女人味的感覺。

    E、大膽耀眼的感覺。

Q15、妳在朋友心目中的形象是？

A、易於親近，精力充沛。

B、穩重、文靜。

C、優雅、富魅力。

D、活潑、現實。

E、獨立性、個性派。

Q16、妳喜歡的小皮包是？

A、容量大小和圖案設計無關緊要。

B、小點、袖珍型的，但整體一致的。

C、簡單商業型。

D、柔軟皮革的輕型手包。

E、稍大而有圖案設計。

評分標準：選擇「A」的多屬於自然型；選擇「B」的多屬於優雅型；選擇「C」的多屬於高尚型；選擇「D」的多屬於浪漫型；選擇「E」的多屬於戲劇型。

正確看待妳自己

解答分析見 P158

這個測驗是菲爾博士在著名女主持人歐普拉的節目裡做的，很準確，不妨測一測。

Q1、妳何時感覺最好？

    a、早晨。

    b、下午及傍晚。

    c、夜裡。

Q2、妳走路時保持什麼狀態？

    a、大步的快走。

    b、小步的快走。

    c、不快，抬頭面對前方。

    d、不快，低著頭。

    e、很慢。

Q3、和人說話時，妳會：

    a、手臂交疊的站立。

    b、雙手緊握著。

c、一隻手或兩手放在臀部。

d、將手搭在與妳說話的人的肩上。

e、玩著妳的耳朵、摸妳的下巴，或用手整理頭髮。

Q4、坐著休息時，身體姿勢是：

a、兩膝蓋併攏。

b、兩腿交叉。

c、兩腿伸直。

d、一腿蜷在身下。

Q5、聽到可笑的故事時，妳的反應是：

a、哈哈大笑。

b、笑，但聲音不大。

c、輕聲的咯咯地笑。

d、羞怯的微笑。

Q6、當妳去一個派對或社交場合時，妳會：

a、很大聲地入場以引起注意。

b、安靜地入場，找妳認識的人。

c、非常安靜地入場，盡量保持不被人注意。

Q7、當妳非常專心工作時，有人打斷妳，妳會：

　　a、歡迎他。

　　b、感到非常惱怒。

　　c、在以上兩極端之間。

Q8、下列顏色中，妳最喜歡哪一種顏色？

　　a、紅或橘色。

　　b、黑色。

　　c、黃或淺藍色。

　　d、綠色。

　　e、深藍或紫色。

　　f、白色。

　　g、棕或灰色。

Q9、臨入睡的前幾分鐘，妳在床上的姿勢是：

　　a、仰躺，伸直。

　　b、俯躺，伸直。

　　c、側躺，微彎。

　　d、頭睡在一手臂上。

　　e、被子蓋過頭。

Q10、妳經常夢到妳在：

　　a、落下。

　　b、打架或掙扎。

　　c、找東西或人。

　　d、飛或飄浮。

　　e、妳平常不做夢。

　　f、妳的夢都是愉快的。

現在將所有分數相加，再對照後面的分析分數。

Q1： (a) 2 (b) 4 (c) 6

Q2： (a) 6 (b) 4 (c) 7 (d) 2 (e) 1

Q3： (a) 4 (b) 2 (c) 5 (d) 7 (e) 6

Q4： (a) 4 (b) 6 (c) 2 (d) 1

Q5： (a) 6 (b) 4 (c) 3 (d) 5

Q6： (a) 6 (b) 4 (c) 2

Q7： (a) 6 (b) 2 (c) 4

Q8： (a) 6 (b) 7 (c) 5 (d) 4 (e) 3

　　　(f) 2 (g) 1

Q9： (a) 7 (b) 6 (c) 4 (d) 2 (e) 1

Q10： (a) 4 (b) 2 (c) 3 (d) 5 (e) 6

　　　(f) 1

妳的偏執過了火

解答分析見 P159

現實生活中存在許多固執的人，但固執不同於偏執。適當的固執，為人平添一份可愛，而偏執往往容易把人生打成死結，傷害自己，也傷害他人。下面是一個檢查偏執程度的小測驗，快來檢查一下妳的情緒是否「過了火」？

從接受測驗開始，妳已經踏進了偏執狂的陷阱。

Q1、妳進入一個冒險遊戲，開始了「聖騎士」的征程，以下有四項任務，妳將從哪一項開始妳的光輝之旅？

　　A、到危險的懸崖上救人質。 → Q2

　　B、殺死一隻黑熊。 → Q4

　　C、率領軍隊守護城池。→Q3

　　D、把10公斤有毒的豆子從10公斤白米中挑出來。→Q6

Q2、妳的自我感覺如何？

　　A、也許不完美，但有相當獨特出色之處。 → Q4

　　B、普普通通，中等偏下。 → Q5

Q3、妳會選擇怎樣的人做為下屬？

A、忠實，可靠，善於為妳著想。 → Q7

B、獨立，活躍，時時有創新想法 。→ Q6

Q4、妳習慣怎樣購買辦公用品？

A、一次大量購買。 → Q7

B、少量購買，用完後自己去商店挑選。 → Q5

Q5、三更半夜時突然想起沒有洗襪子，妳會立刻爬起來嗎？

A、曾經做過這樣的糗事。 →Q8

B、從來沒有過。 →Q9

Q6、明明想去睡覺或者洗澡，但手邊有一份有趣的報紙，而
妳剛開始看其中一個欄目，接下來會：

A、放下報紙，先去做必要的事情。 → Q9

B、不知不覺從一個欄目跳到另一個欄目，直到看完為
止。 →Q5

Q7、在寂靜的樹林中，背後有腳步聲傳來，妳會認為是：

A、無關緊要的角色。→ Q8

B、準備攻擊妳的猛獸或仇人。 → Q10

DREAM

Q8、妳無法忍受別人當面指出妳的錯誤嗎？

    A、確實如此。 →Q 11

    B、不，我能克制。 → Q12

Q9、明天要交作業了，直到深夜還沒有完成，妳會：

    A、不解決就無法入睡。 → Q10

    B、先去睡覺，明天早起做。 →Q 8

Q10、10%的人類天生具有特殊的精神力量，在適當情況下可能會成為偉人，妳認為：

    A、我一定具有這種素質。 →Q11

    B、不知道我屬不屬於那10%。 → Q14

Q11、妳會穿什麼顏色的衣服參加團體活動？

    A、灰藍色（呵呵，90%的偏執狂會選它）。 → Q12

    B、黑色 。→ Q13

Q12、妳眼前曾經出現過幻覺嗎？

    A、曾經有過這種經歷。 → A類

    B、從未有過。 → Q13

Q13、在報紙的名人版看到自己熟悉的人，妳的感覺是：

    A、不舒服，有一種嘲諷對方的衝動 。→ B類

    B、說不清，但應該不是惡感 。→ Q14

Q14、坐在馬桶上，妳一般會：

    A、看書、抽菸、玩遊戲，或做其他事情。 → D類

    B、什麼也不做，只在腦子裡胡思亂想。 → C類

妳真的老了嗎？

解答分析見 P159

個人的心理年齡不一定與他的實際年歲相符，有的人年事已長，言行舉止猶如孩童；有的人身處花季，卻已然少年老成。妳的心理年齡幾許？請妳如實回答下列測驗題，將有助於妳更好地瞭解自己。

Q1、下決心做某事後便立刻去做。
   是→0分。
   否→2分。
   中間→1分。

Q2、往往憑經驗辦事。
   是→2分。
   否→0分。
   中間→1分。

Q3、對任何事情都有探索精神。
　　是→0分。
　　否→4分。
　　中間→2分。

Q4、說話緩慢而且囉唆。
　　是→4分。
　　否→0分。
　　中間→2分。

Q5、健忘。
　　是→4分。
　　否→0分。
　　中間→2分。

Q6、怕煩心、怕做事、不想活動。
　　是→4分。
　　否→0分。
　　中間→2分。

Q7、喜歡計較小事。
　　是→2分。
　　否→0分。
　　中間→1分。

Q8、喜歡參加各種活動。

　　是→0分。

　　否→2分。

　　中間→1分。

Q9、日益固執。

　　是→4分。

　　否→0分。

　　中間→2分。

Q10、對什麼事情都有好奇心。

　　是→0分。

　　否→2分。

　　中間→1分。

Q11、有強烈的生活追求。

　　是→0分。

　　否→4分。

　　中間→2分。

Q12、難以控制感情。

　　是→0分。

　　否→2分。

　　中間→1分。

Q13、容易嫉妒別人，易悲傷。

是→2分。

否→0分。

中間→1分。

Q14、見到不合理的事不那麼氣憤了。

是→2分。

否→0分。

中間→1分。

Q15、不喜歡看推理小說。

是→2分。

否→0分。

中間→1分。

Q16、對電影和愛情小說日益失去興趣。

是→2分。

否→0分。

中間→1分。

Q17、做事情缺乏持久性。

是→4分。

否→0分。

中間→2分。

Q18、不願意改變舊習慣。

　　是→2分。

　　否→0分。

　　中間→1分。

Q19、喜歡回憶過去。

　　是→4分。

　　否→0分。

　　中間→2分。

Q20、學習新鮮事物感到困難。

　　是→2分。

　　否→0分。

　　中間→1分。

Q21、十分注意自己身體的變化。

　　是→2分。

　　否→0分。

　　中間→1分。

Q22、生活興趣的範圍變小了。

　　是→2分。

　　否→0分。

　　中間→1分。

Q23、看書的速度加快。

　　是→2分。

　　否→0分。

　　中間→1分。

Q24、動作不夠靈活。

　　是→2分。

　　否→0分。

　　中間→1分。

Q25、消除疲勞感很慢。

　　是→2分。

　　否→0分。

　　中間→1分。

Q26、晚上不如早晨和上午頭腦清醒。

　　是→2分。

　　否→0分。

　　中間→1分。

Q27、對生活中的挫折感到煩惱。

　　是→2分。

　　否→0分。

　　中間→1分。

Q28、缺乏自信心。

　　是→2分。
　　否→0分。
　　中間→1分。

Q29、集中精力思考有困難。

　　是→2分。
　　否→0分。
　　中間→1分。

Q30、工作效率低。

　　是→2分。
　　否→0分。
　　中間→1分。

遊刃有餘的工作

解答分析見 P160

妳不小心在荒山野嶺迷了路，到了夜晚，妳發現前面
有一棟房子，萬不得已的情況下只好向主人借宿。房
子的主人是個女巫師，她告訴妳房子的四個房間都鬧
鬼。如果妳執意要住下來，妳會選擇哪個房間？

A、半夜醒來發現一個無頭鬼坐在床頭的房間。

B、剛一躺下，床就開始搖晃不止的房間。

C、睡覺時有個人從窗外惡巴巴地瞪著妳的房間。

D、洗手間會傳來開關門聲和女人嘆息聲的房間。

103

畫圖投射妳的內心

解答分析見 P160

請妳盡情地發揮想像力，在方框的空白處畫一棵樹，越具體越好。

104

要求：在完成後請妳解說自己的畫。在解說時要注意解說以下問題：

1、樹名。

2、果實名（如果有果實的話）。

3、季節。

4、作畫時的心情。

考察內容：

1、畫的是什麼樹？是現實中的樹還是想像中的樹？如果是現實中的樹，是否有變形？

2、這棵樹是否有果實？如果有，是大還是小？有幾種果實？果實的名稱與果樹的名稱是否一致？

3、這棵樹生長在什麼季節？這個季節與果實有什麼樣的關係？是否與開花結果的季節符合？季節與樹的生命力的關係是怎樣的？

4、作畫者在作畫時的心情（情緒）是什麼？作畫本身是否觸動了作畫者潛意識中的某種情結？

5、對樹的自由聯想描述是什麼？

常識與分析：

1、樹的特徵：樹所代表的品格，生命力特點，生長狀況（枝葉的數量、彎曲度），與背景的關係。

2、作畫者對樹的解釋所反映出來的潛意識情況。（自由聯想結果是什麼？）

3、分析時要注意分析成長歷程與環境的關係，以及適應環境的能力。搞清楚其中每個符號的代表意義是什麼。

4、人格透視分析要點：代表的意義，動態與靜態，獨立與依賴，強度大小，與周圍關係的緊密程度。

附加成分：

1、山：所依附的事物。

2、路：通道和途徑。

3、家：即房屋。表示渴望歸屬的地方。房屋形象一般代表作畫者的家，或理想之家，也代表身體、精神家園。如果出現人物，常表示作畫者與家庭的關係，或內心世界與外在世界的關聯狀態，以及對自我的接納。

4、附屬物：社會關係，象徵性行為與狀態。

5、修飾：自我意識和期望，缺陷與不足，指向性行
   為。

說明：這則畫樹測驗是由瑞士心理學家卡爾柯乞所創
制的。要求受測者隨意畫一棵果樹，然後把他畫好的
樹與卡爾柯乞所制訂的標準做比較，看受測者畫的樹
與卡爾柯乞的哪一棵標準樹最接近，便可發現受測者
的性格特徵。

卡爾柯乞的20項標準：

1、樹有根：表示受測者執著於塵世，穩重，不投
   機，不做輕率之舉。

2、樹無根，且無橫線表示地面：受測者缺乏自覺，
   行動無一定規律，喜歡投機。

3、樹立於形似山巔的地面上：受測者孤立自己或有
   孤立之感，社會關係陷入擾亂不安的境地。

4、樹幹短且樹冠大：有強烈自覺，富有雄心，有獲
   得別人讚許的欲望，驕傲。

5、樹幹長且樹冠小：發育遲滯，這種樹型常見於兒
   童的圖畫之中。

6、樹幹由兩條平行直線段構成：斤斤計較，實事求是，少想像，倔強固執。

7、樹幹由兩條處處等距而波動的線條構成：活潑，有生氣，易於適應環境。

8、樹幹由斷續不整的短線構成：敏感易怒，思考問題憑直覺，很少使用推理。

9、樹幹左邊有陰影：性格內向，拘謹。

10、樹幹右邊有陰影：性格外向，樂於與外界接觸。

11、樹冠扁平：由於外界壓力而變得拘謹，有自卑感。

12、樹冠由同心圓組成：富於神祕性，缺乏活動，自我滿足，性格內向。

13、樹冠由環列的樹枝構成：勤勉、進取，富有創造力，性格外向。

14、樹冠似雲：富於想像，多夢想，易激動。

15、樹冠由一簇鉤圈組成：熱忱，坦白，好交際，健談。

16、樹形似棚：墨守傳統，拘泥形式，善自制。

17、樹傾向右邊：好交際，易激動，對將來充滿信

心，善表現，擅長於活動。

18、樹傾向左邊：節制，含蓄，小心，對將來充滿恐懼。

19、樹上有果實：善於觀察，非常重視物質享受，現實主義。

20、樹葉或果實落到地下：敏感、理解力強，缺乏毅力，聽天由命。

●妳也可以解夢

解答

 A

夢見圍牆，表示妳有心結，正為某事拿不定主意。沿著圍牆散步，意味則更強。在圍牆邊尋找出口，表示妳正設法清除心理障礙。

 B

裝扮自己，反映的是隱藏自我的心情。如果為了見故鄉來探望妳的母親而濃妝豔抹，表示有不願意讓故鄉雙親知道的事。相反，脂粉未施外出而覺得羞於見人，表示自己有無法隱藏的缺點。

 C

夢中與人交談，表示思考的過程。與人意見分歧，表示尚未理清思緒，對事情深感煩惱，要在某兩個事物中選擇其一，卻遲遲無法決定。反之，與談話對象取得共識的夢境，表示對自己想法的確認。

 D

穿不同服裝表現著不同的心理狀態。平時不穿黑衣的人，在夢中以黑衣姿態出現，表示妳對生活缺乏信心，正期待走出低谷。上衣與裙、褲顏色不協調的夢，暗示妳心中對立而衝突的情感；上下身套裝不協調的場合，妳卻只穿便服，表示妳在目前所處的環境中，想掩飾真實的自我。

 E

剪票口、入口處等地，均意味妳感到自己在社會、道德的監視之下的重重壓力。在接近剪票口前找不到車票，或因未買到去目的地的車票而心驚肉跳，表示妳的社會經驗的不成熟，導致對自己毫無自信。

 F

表示妳對曾經發生過的所作所為非常懊惱，且對此抱有悲觀。如果用污水洗衣，無論如何也不能洗乾淨，代表著妳極力挽回過去，但又沒有足夠的信心彌補。

 H

在夢中，一般妳會因遲到而錯過了班次，表示妳對能否把握現時的機會沒有足夠的自信。

110

I

表示想從生活壓力中獲得釋放，或想靠自己的實力克服困難的心情。飄浮在低空中，有雙腳不能著地的不安感，表示妳對不能施展自己能力的焦慮，同時說明缺乏自信。

● **點菜看性格**

解答

A

妳是個小心謹慎的人，在工作和與人交往中容易猶豫不決、優柔寡斷。妳給人的印象是軟弱的，雖然想像力豐富，但太拘泥於細節，缺乏掌握全局的意識。

B

妳是個自尊心很強的人，討厭別人對妳頤指氣使，在做任何事之前，總是堅持自己的主張，追求不同凡響的效果。做事積極，在待人接物方面，重視雙方的面子。

C

妳為人不拘小節，性格直爽，胸襟開闊，即使是難以啟齒的事也能輕而易舉、若無其事地說出來。妳雖然有時說話尖刻，但是也不會被人記恨。

D

妳有從眾的心理，做事慎重，卻往往忽視了自我的存在。容易受他人的影響，對自己的想法沒有自信，常常附和別人的意見。

E

妳是個樂觀、不拘小節的人。做事果斷，但正確與否卻難以斷定。先看價格後，迅速做出決定的人是合理型的；選擇自己想吃的人是享受型的；比較價格與內容才決定的人，為人吝嗇。

F

做事一絲不苟，安全第一。但妳的謹慎往往是因為過分考慮對方立場所致。妳能夠真誠地聽取別人的勸說，但不應該忘掉自己的觀點。

● **衣飾選擇透露妳的小祕密**

結果分析：

A

不太在乎外在形象，說明妳對自己的生活狀態和能力充滿了信心。妳為人寬容隨和，和妳在一起會感到自然輕鬆；妳過得瀟灑自在，很能自得其樂。不過妳

111

有時也必須顧及一下大眾的情緒，免得被視為衣冠不整、不負責任之人。

 B

妳凡事都有自己的主見，不會盲目跟從，對自己有清楚的認識。同時也不缺乏熱誠與情趣，是個善於把握並享受現實生活的人。

 C

妳十分看重自己給別人留下的印象，總希望與眾不同。妳表現欲望強烈，事事不甘人後，其實你完全不必太介意他人的評論，妳就是妳。

●從小動作窺視他的內心

解答

 A

慎重派。不過分激烈，討厭過分激烈、輕浮的事，孜孜勤勞型，交朋友也很慎重。

 B

抱持著獨特的看法。給人冷漠的感覺，屬於吃虧型的人，稍微有些自我主義。

 C

情緒化，常常感到鬱悶焦躁的人物。對流行很敏感但忽冷忽熱。

 D

具有社交性格的樂天派，有順應性，對什麼事都有興趣，對朋友有好惡感。

 E

冷酷的性格，有責任感和韌性，獨自奮鬥型。

 F

服務精神旺盛，討厭錯誤的事情，對鬆懈型的對象會很生氣。

 G

屬於敏感型，是祕密主義者，常常嘴上逞強但內心卻很溫柔。

 H

保守派非理性的人，因為不太拒絕別人的要求，有導致吃虧的可能。

●看衣服識女人

解答

A

喜歡絲質衣服，這類人具有誘惑性。絲質衣服過於柔軟，沒有好身材是無法穿得好看的，所以這類女性對自己身體很有自信，也希望引起別人的注意。絲質服裝是含有明顯的女性意味的，是睡衣和內衣的首選材質，愛穿絲綢外衣，有明顯的吸引異性的取向。

B

喜歡白色棉衣，一般性格活潑，雖然自視頗高，卻也蠻好相處，性格爽快，心情陽光，討人喜歡，會有不多的好朋友。這類人內心健康。

C

喜歡印花衣裳，大多缺乏主見，性格衝突，膽子並不大，但做事容易衝動。還算可愛。

D

喜歡淡粉衣飾，典型浪漫派，溫柔甜美惹人愛，經常有羅曼蒂克的幻想，害羞，偏於保守、矜持，喜愛溫柔的關懷。

E

喜歡明亮豔色，這類人往往外向、主動、乾脆、大方，而且有極端化傾向。

F

喜歡寬大衣衫，過於隨和，除了美食沒有太多愛好，很實際，沒有浪漫感覺。

●看鞋子識男人

解答

A

這種類型的男人是很念舊的男人。對於自己習慣的人、事、物，總有一份深深的依戀，就算他的情人無理取鬧、任性、孩子氣，他也會以一種包容的心態去待她，直到她漸漸成熟懂理。他的老朋友很多，對朋友十分講義氣，他會為朋友出頭且適時伸出援手，讓老朋友覺得他是個值得信賴的靠山。因此，妳若是愛上了他，不妨多傾聽他的煩惱，多體貼他的生活細節，彼此的情感要以穩定成長的方式進行。

ANSWER解答篇

B

穿鞋節儉的男子，在個性上，屬於拘謹、放不開的保守類型。在為人處事上，不夠圓滑，常常會得罪人而不自知；在人際關係上，周旋的格局較小；在專業領域中，他會因默默努力，而有成功機會。因此，妳若是愛上了他，小心！他可是一位「內心熱情」的男子。第一次約會時，心中就對妳有著無限的遐想，希望能早日和妳變成情人，能一拍即合，親密無間。但他那拘謹、保守的個性，又壓抑著他內心，不敢向妳表白。所以妳不妨主動一些，多製造機會讓他可以表白。

C

此種類型的人在個性上不拘小節，常常眼高手低。私生活沒什麼條理，又喜歡做白日夢，相信總有一天自己可以一步登天，容易過著自欺欺人的生活。妳若是愛上了他，會發現他的感情世界紛亂複雜，常常是忘不了舊愛，又拒絕不了新歡。三角戀、四角戀糾纏在一起，而當一切紛爭引爆時，他會選擇「逃開」。

D

愛穿休閒鞋的男人注重休閒生活和生活品味，他對於鞋子要求很高，不但要舒適，而且更注重鞋子的款式，還要搭配合適的服裝。在個性上，他喜歡掌握主動權，主觀意識強，對自己的要求很嚴格，對異性的要求更是挑剔。在生活上，是個有規律的計畫者。和他約會時，妳可以感覺到他是個十分體貼的好情人，態度溫和有禮，言談風趣幽默，他也是個十分瞭解自己喜歡什麼樣女孩的人。所以和他約會時，即使妳不合他的理想，他也會很親切，別以為他對妳有好感，他只是有紳士風度而已。

E

這種類型的男人習慣穿正統黑皮鞋，並且把鞋子擦得亮晶晶，絕對不能忍受自己穿雙髒鞋或舊鞋子出門。這種類型的男人，若是連休假或約會都習慣穿他那正統的黑皮鞋，妳可要有心理準備，他肯定有不折不扣的大男人主義傾向，而且對母親的意見十分看重。妳若是愛上他，可別有想左右他的想法，他有一套屬於自己的待人處事原則，絕對不會因為妳而改變。

●女人坐姿中的風情

解答

A

如果妳是個蹺左腳型的女子，個性中極富冒險精神，勇為人先，巾幗不讓鬚

眉，工作上絕對一流；對於愛情妳積極、大膽的追求，感情專一，很容易獵取別人真愛。反之，如果妳是個蹺右腳型的女孩，則比較內向、保守，凡事考慮周全才能下決斷。妳端莊嫻淑，中規中矩，可謂是一個典型的傳統女性。妳渴求一份美滿的愛情，卻缺少抓住愛情的勇氣，只有異性主動向妳射出丘比特之神箭，妳才有可能墜入情網。

 B

妳自視甚高，無論在工作上還是愛情上，都有很高的要求。對於工作，妳不甘人後，竭盡所能做得比別人更好；對於未來的男友，妳要求他一定要有高雅出眾的談吐、卓爾不群的品行、相貌堂堂的儀表，若非一個真正優秀的男人，很難入妳的慧眼！不過，儘管妳聰明如斯，卻難免上那些裝腔作勢的「花花公子」的當，還是小心為上策！

 C

妳是個相當拘謹而含蓄的女孩子，社交場合中不免時常出現手足無措、張口結舌的窘態。妳隨遇而安的性格，使妳常常滿足於現狀，在愛情中不會主動追求，只是靜待那個欣賞妳的王子出現。基本上，妳是個「嫁雞隨雞，嫁狗隨狗」的本分女子。特別提醒妳：戀愛中一定要睜大眼睛，別等嫁了之後才知道對方「不如雞」也「不如狗」，那時後悔可就晚了！

 D

妳是一位個性率直、沒有心機的女孩，心裡想什麼，嘴上就說什麼，容易給人不成熟的印象。對於愛情這兩個燙手的字眼，妳尚不知是何物。懵懵懂懂的妳，幾乎很少為情所困，也不會太在乎有沒有異性相伴。或許，妳的異性哥兒們中早已有人暗中注意妳了，正在耐心地等妳「長大」呢！

● 聞香識女人

解答

 A

妳的魅力盡現，期待愛情。妳內心渴望的形象是希望自己能夠成為一個充滿女人味的豔麗女性。穿上露肩的晚禮服，抹上嬌豔的化妝品，風姿搖曳，猶如一朵盛開的玫瑰。由於妳日常受到的限制太多，所以妳渴望得到男人的注目，甚至很多情人的愛。基本上妳還是忠於自己的情感和意願，所以不會貿然突破忠誠的防線。

115

B

妳為了凸顯高貴,所以刻意修飾。妳希望把自己塑造成一個典雅、高潔、很有智慧的女子,在男人面前盡顯高雅溫婉、知情識趣的姿態。為了達到這個目的,妳會刻意裝出一副知書達禮的模樣,例如在男人面前,妳會手捧書本,悠然地坐在公園的椅子上。其實在妳心裡,是不屑於賣弄風情的,認為這樣會貶低女性的價值,然而這種心態,常常會使人誤解妳自命清高。腹有詩書氣自華,建議妳還是以真實的面孔去結識心儀的他吧!

C

妳形象規矩,謹言慎行。妳是個天真無邪、純潔的女孩,從小就受到家人的萬般呵護和悉心教誨,因此,這種成長環境促使妳成為別人眼中的乖乖女,不敢做半點出格的事。正如妳選擇的香水,不會放肆地誘惑男人。妳外在的形象和小心翼翼的性格壓抑了妳的行為,其實聖潔如雪的妳說不定內心很渴求一段激動人心的愛情,不過隨著年齡的增長,妳可以大膽試一次。

D

妳亦幻亦真,保持距離。妳是一個難以捉摸的女人,和戀人交往就像玩捉迷藏一樣,總是刻意保持一段距離,令滿腹疑惑的戀人不知所措。日子久了,能與妳一起的戀人也會變得心灰意冷。如果妳還是這樣保持神祕感,始終不肯或不敢投入愛情,那麼就會白白浪費大好的青春,錯過真正愛妳的人。因此,建議妳以坦然的態度來迎接愛情,千萬不要蹧蹋戀人的真心。

●拿杯子與妳的欲望

解答

A

是一個非常貪婪的人,想把所有的好東西都盡收眼底,收入囊中。對金錢極其貪婪,欲望也極強。

B

對金錢欲望非常強烈,但是妳卻常常搞不清楚妳到底有多少錢,所以妳是一個很會賺錢的窮人。

C

妳是一個做事非常謹慎的人,所以對金錢的處理也是同樣的謹慎,因此妳是一個對金錢欲望不強的人。

116

D

你是一個凡事都會留後路的人,自制力很強,不會輕易進行危險的金錢交易,所以你是一個對金錢欲望強烈也善於支配的人。

●吃水果的學問

解答

A

妳與周圍的大部分人在心理上是彼此協調的。妳是個善於交際的人,但有時在困難前卻顯得無能為力。喜歡吃桃子的女性永遠處於為自己挑選情人的過程之中,哪怕是幾經屈辱和絕望也不輕言放棄。他們還會嘗試與各類男性進行愛情體驗。

B

梨是令人生機勃勃、精力十足的水果。愛吃梨的人很有才華,精力充沛,認定的事情絕不輕言放棄,但有時過於頑固,唯有多接觸外界才能進一步充實自己。喜歡吃梨的女性具有令人難以抗拒的誘惑力,身邊不乏成群的追求者。她們是如此魅力四射,當你牽上她的手以後要對她加倍呵護。

C

妳善於保守自己和別人的祕密,但周圍的人對妳總是不太信任。喜歡吃葡萄的女性害怕孤單,追求快樂是其永恆的目標。

D

妳脾氣好,從不抱怨,也不爭吵,關心別人勝過關心自己,但缺乏原則性。

E

溫良,有協調性,苦在心中也不忘笑在臉上,注重家庭生活,喜歡與知心好友聚餐交談,雖因好好先生而吃點虧,但大都人緣不錯。

F

妳是個樂觀好客的人。善於與人相處,並善於珍惜美的東西。不嫉妒,好平靜,無醋意。草莓外表華麗而柔軟,喜歡吃草莓的女性任何時候都不會忘記向他人展露她的美,這類女性一般魅力與誘惑力同時具備。

G

妳是個溫柔、心軟、廉潔的人,優雅,有銳利的審美觀,對時尚有獨到的見解,但想的比做的多,因為羞怯,不善於自我推銷。在愛情路上,容易顯得比較幼稚。

ANSWER解答篇

 H

愛吃蘋果的人務實，做事冷靜、有計畫，不怕艱苦，但自尊心強，有些守舊。如果一個女性喜歡吃蘋果，這意味著這個女性缺乏浪漫主義色彩。一般情況下，就像蘋果的籽一樣，喜歡吃蘋果的女性性格堅毅，但踏實可靠。

●從熬夜習慣測性格
解答

 A

妳是個極端的人，不是舉手投降，就是加足馬力奮鬥到底。然而，擁有樂觀和有自信的性格已是成功的開始。

 B

對於世間的一切事物，妳習慣以樂觀、單純的心態來面對。但在複雜的社會生活裡，人際關係往往令妳最為煩惱。如果妳是女性，最好找個好老闆，要不然就快點找個好老公。

 C

妳適應環境的能力很強，有高人一等的判斷力，相信妳在工作上能有不錯的表現。

●雙手的姿勢與心態
解答

 A

妳是典型的行動主義者，絕不只是紙上談兵，大多精力充沛、精明能幹，勇於面對現實生活中的各種挑戰，適應能力特別強，尤其是凡事講求效率，從不拖泥帶水。富有正義感，常常路見不平拔刀相助。在感情方面，妳勇於表達心中的愛，並且對婚姻專一，不會陷入三角戀情。

 B

基本上，妳是一個嚴肅的人，遵守法律、注重道德規範，對自己的信念非常專注，適合快節奏的生活。在愛情上妳老是正經八百，選定了目標之後一般不會因外在的環境和事物的變化而受影響。但是，妳往往最讓情人心歡也最讓情人討厭，因為妳一旦看上某個人，就會非纏到手不可，只要對方答應妳，妳甘願做人家的人力車夫。妳對事業的執著是其他類型的人不可比擬的，如果能充分發揮自己的長處，一定收效頗豐。

118

C

妳具有雙重性格，一方面灑脫不羈，一方面又憂國憂民的愁眉不展，想像力和創意都不錯，做事不會墨守成規。妳自身的藝術家氣質使不少人因為妳的灑灑而著迷，同時又抹平妳心中的憂愁而不忍離去，妳需要有包容心的人作伴。

D

妳有原則，但只對自我設限，而不要求他人必須依循同樣的標準，對於愛情，妳追求穩定而不失情趣的戀情，基本上妳是忠貞而憎惡畸戀的。

●「眉語」見情緒

解答

A

眉尾上揚的人比較有殺氣和霸氣，這種人好強不服輸，霸道不講理，自尊心極強。是屬於喜歡奢侈的類型，對於穿戴十分講究，非高級的名牌不可。因此，對於異性的要求也很苛刻，常常無法長久交往。請保持一顆能夠包容、體諒對方的心，這樣才會得到一段美好的戀情。

B

有這種眉毛的人一定剛正不阿。但若眉毛的根部不夠清楚，則在三十歲出頭時，工作會不順利。此外，古書中曾提到，眉毛下垂的人，多有貪淫好色的傾向。

C

粗一字眉的人，膽子大、意志力強，說話聲音大而且嚴厲。細一字眉的人，固執、做事缺乏耐性，也有可能成為智慧者。

D

眉毛像彎月般，這種眉毛一般顏色非常淡。不管男女，有這種眉毛的人，性慾會很強烈。但如果是濃眉的話，則這個人非常神經質。

E

眉形如刀之人，其心也如刀，這種人聰明果決，處事犀利不講人情，沒有慈悲心腸。

F

眉毛雜亂如荒草者，一般四肢發達、頭腦簡單，注意力無法集中，做事也很莽撞。這種人最喜歡用爭吵和武力來解決問題。

ANSWER解答篇

掃帚眉，有眉頭開散和眉尾開散兩種。眉頭開散的人，往往事情已經快做完了才全心投入；而眉尾開散的人，做事經常虎頭蛇尾。

H
眉毛捲曲，適合出家修行之人，不過，如果眉形不完整，則代表此人思想簡單、沒有邏輯、任性，對人不夠親切體貼，但如果遇到權貴人士，則會拍馬屁。

●交談看「眼神」

解答

A
他對於妳著急的問題，早已胸有成竹，穩操勝算。只要向他請示辦法，表示焦慮即可，如果他不肯明說，則表示事關機密，不必要多問，只靜待他的發落便是。

B
說明他也是毫無辦法，乾著急無濟於事，向他請示，也是無用的。妳得平心靜氣，另想應付辦法，不必再多問，這只會增加他六神無主的程度，這時是妳顯示本能的機會，快去想辦法吧！

C
他暗懷詭計，想給妳苦頭嚐嚐。這時妳應該步步為營，不要輕近，處處都可能是他安排的陷阱，一失足便落入在他的手裡。不要過分相信他的甜言蜜語，這是鉤上的餌，是毒藥外的糖衣，要格外小心。

D
他對於當前的問題惶恐萬分，儘管口中說不要緊，卻一點也想不出個所以然來。妳不必再多問，應該退去考慮應付辦法，如果妳已有辦法，應該向他提出，並表示有幾成把握。

E
這是兇狠的信號，妳與他交涉，必須小心提防。他那一隻毒辣的手，正放在妳的背後伺機而出。如果妳不是早有準備想和他比個高低，那麼最好火速鳴金收兵。

F

他心有重憂，萬分痛苦。妳不要向他説得意事，那反而會加重他的痛苦，妳也不要向他説痛苦事，因為同病相憐越發難忍，妳只好説些安慰的話，並且迅速告退，多説也是無趣的。

●睡姿顯真情

解答

A

他很自信，甚至有些自負。在所有的睡姿中，這個姿勢床與皮膚的接觸面積最大，他力圖成為大家關注的中心。好的一面是，他很開放，並渴望嘗試新的挑戰和體驗——無論在床上還是床下。壞的一面是，有時候他對妳視而不見，他的交際能力也不是太好，不過他的個性還是挺可愛的。對他妳需要付出多一點的耐心。

B

臉朝下，胃部接觸床面睡覺的男人強悍有力，是精明能幹的成功男士。這樣的男人做事果斷、勇敢，並且張弛有度。他俯趴在床上的姿勢可能是童年時代的習慣，這表示他在某些方面會表現出孩子氣的一面。妳需要忍受他的壞脾氣，有時妳不得不讓著他一些。不過如果妳能欣賞他的男性魅力的話，這似乎也不是太大的問題。

C

以這種姿勢睡覺的男人是性格溫和、理性的男人。半身側臥的睡眠佔用最小的空間，他會是個懂得忍讓的情人，這使得跟他在一起的女性感覺很舒服。當然，他的頭腦有時過於清醒了，在需要激情的時候這似乎有些不合時宜。他似乎最有理由成為好男人，但有時候他比較優柔寡斷，對他不能太著急，否則只會是自己跟自己生氣。

●口頭禪暴露妳的個性

解答

A

常是辭彙少，或是思維慢，在説話時利用做為休息的方法而形成的口頭禪的習慣。因此，這種口頭禪的人，反應是較遲鈍或是比較有城府的。也會有驕傲的公務員愛用這種口頭禪，因怕説錯話，需要時間來思考。這種人的內心也常常是很孤獨的。

B

說這種口頭禪的人，自我防衛本能甚強，不會將內心的想法完全暴露出來。在待人處事方面很冷靜，所以工作和人際關係都不錯，口語也有以退為進的含意。事情一旦明朗，他們會說「我早想到這一點」，從事政治的人多有這類口頭禪，這類口頭禪隱藏了自己的真心。

C

此人有一種擔心對方誤解自己的心理，因此性格有些急躁，內心常有不平。他會十分在意對方對自己所陳述事件的評價，所以一再強調事情的真實性，只希望自己在團體中可以被認可，並得到很多朋友的信賴。

D

此人有些任性，因此總是提出一個「但是」來為自己辯解，「但是」是為了保護自己而使用的。也顯示了其溫和的特點，它顯得委婉、沒有斷然的意味。從事公共關係的人常有這類口頭禪，因為它的委婉意味，不致令人有冷淡感。

E

此人所以用此類口頭禪，是給自己留有餘地的心理形成的。這種人的見識雖廣，決斷力卻不夠。很多處事圓滑的人，易用此類語言。在辦事過程中，他們會為自己時刻準備著臺階，有時也會被很衝突的心理困擾。

F

此人自信心極強，做事情顯得很理智，為人冷靜，自認為能夠將對方說服，令對方相信。另一方面，「應該」說過多時，反而表現出其有「動搖」的心理，長期擔任領導職務的人，易有此類口頭禪。

●高官、小吏還是平民？

解答

A

妳在團體中一般是一個幫大家做事的角色，妳的生活哲學是「平生無大志，只求有飯吃」，隨遇而安的個性，讓妳完全沒有名利之心，覺得照顧好自己最實在。

B

妳的領導才能在小團體有用武之地，一旦人多了、關係變得複雜了，妳就會掌控不了局面，甚至招致民怨，「寧為雞首、不為牛後」這句古話應該最能說明妳的領導能力了。

 C

妳是天生的領導者，有指揮群眾的天分和魅力。妳並不會刻意表現出自己的野心和企圖心，但是大家自然就會找妳解決問題，喜歡和妳在一起，可能就是妳有一股王者的風範吧！

 D

妳有領導的才能，可惜卻沒有領導的氣度。想要讓一群人對妳服從，可不是很有才華就可以的，妳必須懂得唯才是用、能屈能伸、善用智謀，如果只有勇氣和衝勁是不夠的。

●性格的顏色

解答

A 紅色性格

說穿了，紅色性格就是要我行我素。如果他們從小帶大的環境容許他們可以操縱父母和兄弟姊妹，長大後就會變得桀驁不馴；如果被縱容得太久了，紅色性格的人幾乎不可能放棄他們的權力和自由。紅色性格的人喜歡工作，大多是工作狂，然而，如果工作不符合他的興趣時，就會抗拒強加於身上的任務。紅色性格對於眼淚和其他「示弱」的「表演」，是無動於衷的。

B 黃色性格

黃色性格認為人生是一場派對，而且他們正好是主人。黃色性格喜歡引人注目。想改善與一位黃色性格的關係，很少有比褒獎更好的法寶。黃色性格的人喜歡站在舞臺中央，社會性的接納對他們是極為重要的，如果能夠深孚眾望，就滿足了他們的基本需要──被公眾接納的需要。黃色性格的人很能成為大夥閒聊時最引人注目的閒聊專家。

C 藍色性格

藍色性格喜歡施惠於人，他們尋找施捨的機會，只為了帶給他人快樂，他們信奉的哲學是「出於無我，勝過出於自私」。許多藍色性格會對所做的事情只有益於自身而感到不安，他們經常為人敞開大門，主動搭載車子拋錨的人，捐獻給慈善機構，甚至把一生奉獻在為他人服務上。真正的藍色性格，會為了改善一份重要的個人情誼，而犧牲一個成功的事業，這一度被視為是女性的特質，但其實這是藍色性格的特徵──無關男或女。在所有性格本色中，藍色性格是天生最誠實的，一位藍色性格寧可認輸，也不願意偷雞摸狗，藍色性格是值得信任的。

D 白色性格

白色性格寧願付出任何代價，以避免一切正面衝突，他們不希望在人生旅途上遭遇大風大浪。「感覺到善」對他們而言，比成為「善的化身」更具意義。白色性格碰上不講理的對待時，沉默而強烈的抵抗就會冒出頭。白色性格喜歡自己一個人安靜。有的人會以為白色性格的「安靜」是「無言的絕望」，但其實那是白色性格的「牛脾氣」。

●別把自己不當回事

答案見下表

總分	0～2分	3～6分	7～10分
解答	很有自信心，能與人和睦相處。	比能現很妳做狀可想的，能做事做是缺事妳在乏想自多想種心多許的多的平。事靜妳而成列無行事事表的可格環能，境保將妳中守。會如缺發果少現妳魄認力，事真但實反思這上，一也妳下許能能，把做妳的認事為要妳於	害在妳怕自一信種和強烈得想妳卑想辦採的的取法兩間即極行諜消卑徊、。動使在除自自這己種信性上妳格的上妳自卑妳感的自了突信。、有自時負候或傲令感妳。痛到妳苦很或可能

●妳的挫折感在哪裡？

解答

A

報紙暗示著認識最新的情報、資訊，選擇這個答案的妳，表示自己在功課或知識領域上，有著某種程度的挫折感，在意識中，也許妳是個不願用功的學生或不積極吸收新知的上班族。

B

對青少年而言，這表現你對性的幻想，由於你是在撞到她之後跌倒的，表示在和年輕女性的交往中常會力不從心。換句話說，對於在和異性交往過程中有挫折感的人，一般會選擇這個答案。

C

這個答案暗示權威和道德，選擇此一答案的妳，暗示自己是個反權威和反道德的人，在道德感上，一直備受壓力。

D

建築工人從事的是體力的工作，不懼風吹日曬地工作，就算打架也不肯服輸，選擇這一項答案的人，在潛意識中覺得自己的體力不如人，在肉體上常有挫折感。

E

妳和穿著自認為最有品味、打扮上給人一種自由奔放的時尚青年相撞後跌倒，在心裡一定會想：「我無法像他那樣，我太落伍了！」從這個意義上說，妳是一個在身體或心理上已漸漸步入中年的人，並且有跟不上潮流的挫折感。

●自卑的癥結

解答

A

妳對自己的外表感到自卑，自認為長得不漂亮又不懂得穿衣打扮。其實穿衣只要穿出自己的個性和感覺就好，妳何必自卑呢？

B

大力士象徵運動，妳對自己的運動表現感到自卑，其實沒關係的，又不是叫妳去參加奧運會，只要身體健康就好啦！

C

荊棘代表妳對自己的性格感到自卑，妳認為自己的性格充滿弱點，既然知道自己有缺點，知錯能改就行了，從現在開始改變自己吧！

D

咒文代表知識與學識。妳認為自己讀的書少又缺乏常識，建議妳不妨利用空閒時間進修一下，充實自己。

●花之物語

解答

A

妳總是以自我為中心，凡事一定要按照妳的想法去做，不然就會不高興。是不是有時候妳還會認為世界是以妳為中心在運轉的呢？

B

妳有一點自以為是唷！這樣的個性造成妳隨意任性的行動，讓周圍的人覺得妳愛炫耀或賣弄。雖然忍耐會令妳不太開心，但還是忍忍吧！畢竟人際關係還是很重要的。

C

妳還算是個體貼的人。在考慮自己的事情之前，會先考慮一下對方的感受。無論如何，妳都能夠壓抑住自己的支配欲望，不會太自我膨脹。

D

妳是內向型的人，即使有很想說的事，也不會說出來，非常沒有自我。如果朋友提出什麼想法或意見，妳都會去遷就對方，看起來似乎很隨和，但多少還是要有一點自己的想法比較好喲！

●找出妳的交際弱點

解答

A

這個選擇其實就是自我缺陷的自然暴露。妳一有什麼不如意的事就會「歇斯底里」，不是四處大聲叫嚷，就是突然大聲哭泣。妳這種自我表現的方式也許太過幼稚，而且很容易引起別人的情緒疲勞。為了使人際關係更加融洽，妳必須對周圍的人多一份愛心，同時要注意克制自己的情緒。

B

妳具有領導才能，在團體中往往起著決定性的作用。但是妳需要多聽取一些周圍人意見的謙虛態度，否則，最終有可能誰也不會再順從妳。妳的缺點就是很少聽取他人的意見和建議。

C

妳可能有一些心理恐慌症的表現。妳的交際範圍容易往縱向深入，但很難橫向擴展，妳往往把自己討厭的人徹底排除在外，似乎只願意與某一些特定的人建立更好的關係，所以，妳屬於不善擴大交際圈的這類人。妳甚至會要求與妳關係親近的友人「不要與不喜歡的人交往」。妳應該要懂得博愛的內涵。

D

妳這樣的處世方式是很危險的。妳的缺點是動輒變得粗暴無禮。妳的問題不僅表現在行為上，而且語言暴力也很激烈。假如是因為對方態度惡劣導致妳正當防禦還情有可原，而妳卻往往是稍不如意就出手或出口傷人。妳一定要注意控制自己的情緒，否則妳會很容易和不瞭解妳的人發生激烈的衝突。

●基本性格傾向

解答

A 善於表現自我的行動派。

妳非常有自信,特別喜歡在別人面前表現自己。妳能夠成為一個團體或團隊的領導者,把大家凝聚在一起。同時妳也很善於表揚他人,能夠激發起人們的自豪感和幹勁。美中不足的是,不管大事、小事,一旦爭不了第一,妳就無法安心。

B 重視人際關係的和諧派。

妳無論做什麼都會真誠投入,能夠顧及事情的各個方面。妳在上司、前輩等面前表現得十分有禮貌,在同伴中也很受歡迎,性格幽默詼諧。妳會為了大家主動去承擔別人不太願意做的基礎性工作,有勇於付出的一面;但有時也會表裡不一,看人臉色辦事。

C 積極進取的開拓派。

妳理想遠大,做事態度認真,在工作、學習上比誰都用心,對自己嚴格要求,無論做什麼事情都很拼命。妳性格中有堅韌的一面,想做的事情不管花多久時間,都會進行到底。此外,和別人交往時妳會一視同仁。但對他人比較挑剔,易發牢騷。

D 感情豐富的個性派。

妳想像力豐富,是一個崇尚個性的浪漫主義者,具有細膩的審美意識和豐富的感情。妳會和深陷於煩惱和痛苦中的人做知心朋友,會成為感情脆弱的人的貼心人。另外,妳喜歡美的事物,品味不凡。但情緒不夠穩定,做事不夠理智。

E 遠離大眾的獨行客。

妳不善交際,喜歡孤獨。比較喜歡和諸如機械、電腦、動物等打交道。妳有很強的觀察力,能夠客觀地看待事物,想問題比較深入。不會先入為主地看待別人,也不會抱持什麼成見,更不會被流言所左右。不過妳很敏感,不善於和人打交道會讓妳看起來有點冷漠。

ANSWER 解答篇

●水仙花與自戀情結

解答

 A

妳的自戀指數為99％，根本就是個超級自戀狂。妳認為自己是一個「只應天上有」的絕色美女或者是超級帥哥，自戀程度簡直高得離譜。粗略估計一下，妳每天大概用9成的時間來欣賞自己的「絕世芳容」。愛自己愛到發狂的妳，很少顧及身邊人的感受，妳的最忠實的伴侶應該是一塊能夠朝夕與妳相伴的鏡子。

 B

妳的自戀指數為85％，自戀程度是超乎常人的高。妳對自己的外貌、身材、氣質信心十足，從來不會浪費上天給妳的這些本錢，一有機會就向身邊的人頻頻放電。妳覺得自己的身材這麼正點，不好好利用豈不是暴殄天物？所以，妳終日摸爬滾打於情場之上，以推銷自己、傾倒眾生為己任。

C

妳的自戀指數為60％，屬於孤芳自賞的林妹妹型。妳自視甚高，認為自己曲高和寡，所以一旦失戀就會抓狂。妳接受不了別人拋棄妳的事實，從此就會變得憤世嫉俗，對愛情不再抱任何幻想。

D

恭喜妳！屬於此類型的人，可以說是最正常不過的。妳的自戀指數雖然為45％，但這種心理反應每個人都會有，自戀的程度也能夠為人所接受。至於戀愛方面，由於妳懂得適度表現自己美的一面，自然而不做作，親和力十足並且敢愛敢恨，戀人和妳相處時覺得輕鬆自在沒有壓力，因此就算妳不是絕色美人或超級帥哥，也同樣具有迷人的氣質。

E

妳的自戀指數接近0，自戀不足自卑有餘。妳希望在別人面前有表現自己的機會，所以特別喜歡打扮，期盼能夠修飾自己的缺點，引人注目。其實，妳潛意識裡希望別人注意自己，就是缺乏自信心的一個突出表現。

●妳有多愛自己？

解答

A

嫌自己的缺點比優點多，也可以說，妳是一個缺乏自我欣賞能力和自戀意識的人。

B

超級自戀型。每天都要花半小時以上來照鏡子,連路過落地玻璃窗的機會都不會放過。雖然大夥並不認為妳真的很美、很靚、很養眼,但沉浸在幻想世界中的妳,卻總以為地球沒有了妳就會停止轉動。小心光做白日夢,好運會跑光光哦!

C

偶爾自戀一下。比如在比自己難看的人面前,被媽媽的同事誇讚女大十八變的時候。

D

有一點點自戀。首先,妳毫無疑問地喜歡自己;其次,妳還懂得如何欣賞自己,並不會因為自戀而討人煩。

E

極度缺乏自信,根本談不上自戀,常常抱怨老天對妳不公平,爸媽沒把優點遺傳給妳,今後還是少看恐怖片啦!

●妳承受得住嗎?

解答

圖片本身是靜止的,根據心理醫生所說,圖片與心理承受力有關,妳的心理承受力越強,圖片轉動越慢。美國曾經以此做為犯罪嫌疑人的心理測驗,年輕人看到的圖片往往是高速旋轉的,而大部分的老人和兒童看這幅圖片時則認為是靜止的。

●月老的紅線

解答

0站 最佳拍檔 80分
你們是想法驚人的一致,不過因為興趣、愛好相同,很難有互補性,有時會有點悶,應該多製造些生活情趣,多說些甜言蜜語給對方聽。

1站 一見鍾情 85分
你們的姻緣前生註定,一見到對方就難捨難分,還在等什麼?心動不如馬上行動!

2站 互相利用 35分
你們雙方都會互相評估相愛的利害得失,一旦有弊無利,戀情就會終結。

3站 互相猜疑 25分
有一方疑神疑鬼,對方一有風吹草動,就會往壞處想,而對方又懶的解釋,這樣下去,遲早會分手。

129

ANSWER 趣味心理測驗

ANSWER解答篇

4站 美好邂逅 70分
兩人偶然相遇,卻志趣相投,隨即陷入熱戀,兩人越看越相配。

5站 主僕關係 60分
雙方如果能體會到相愛是互相信任與互相依賴,愛情才會有轉機。

6站 幸運情侶 90分
一開始交往,就會給彼此帶來好運,要互相疼愛,關係才會長久。

7站 彼此忍受 45分
都看對方不順眼,有時會以半開玩笑的方式說出對彼此的不滿,但仍會互相忍耐來持續戀情。

8站 先甘後苦 55分
男方會適時討好女方,讓女孩子覺得好甜蜜,事事都由男方幫忙分擔,但有時會物極必反,覺得自己好像沒有存在價值。

9站 似遠還近 60分
雙方個性不同,想法又各異,卻還可以成為情侶,雙方需要互相遷就才能甜蜜度日。

10站 鬥嘴佳偶 25分
雙方常持相反意見,能長久在一起簡直是奇蹟!

11站 平淡見真情 80分
兩人感情是細水長流型,但願有情人終成眷屬!

12站 小氣鬼與受氣包 15分
一方很情緒化,動不動就生悶氣,另一方要有好脾氣才能忍受。

13站 似愛非愛 50分
雙方價值觀不同,但彼此又有超強的吸引力,這源於相處初期的新鮮感,但長久之計仍要靠繼續努力。

14站 不搭調 10分
兩人如同水火,八竿子打不著,不知因何走在一起的,但是,剎那間的輝煌並非不代表永恆。

15站 妹妹情人 70分
女方沒自信,凡事以男友為主,有時會讓對方覺得有點煩。

16站 強弱組合 45分
男方是領導者,女方也甘願做個小鳥依人的女子。

130

17站 分手收場 20分
兩人找不到相同點，分手是遲早的事，唯一的補救方法是完全相信彼此。

18站 癡迷情人 30分
男方說月亮是方的，女方也點頭稱是，簡直愛到無理智可言。

19站 革命伴侶 80分
兩人都有上進心，能互相鼓勵，幸福指日可待。

20站 變心難免 45分
熱戀時會遷就對方，一旦變心就無法挽救。

21站 孽緣 15分
兩人在一起就像一個生蟲的蘋果早晚會腐爛，除非有人肯事事妥協。

22站 完美情人 85分
女方一見到男方，就會被對方豐富的學識和人生閱歷所傾倒，義無反顧地墜入愛河。

23站 早散早好 5分
一定是上天要捉弄妳，才讓妳們在一起，妳們的戀情難有未來。

24站 各懷鬼胎 65分
雖是情人，但都不說真話，又互相知道對方的底細，何時才能坦白？

25站 知己朋友 15分
兩人的關係不能說是愛情，只能說是互相尊重的知己朋友，相處的過程像白開水。

26站 歡喜冤家 55分
小倆口一見面就吵，越吵感情越好，不過有時也要互相學習尊重喔！

27站 人間絕配 80分
最佳情侶組合，令人羨慕，雙方都為對方著想，互相欣賞。

28站 暴力情侶 30分
小倆口總是吵吵鬧鬧的，甚至還會拳腳相向，感情世界硝煙四起。

29站 分分合合 60分
情路多波折，分分合合，有時還可能發生三角關係，周圍朋友很為妳擔心。

30站 超塵脫俗 80分
雖然沒人看好妳的這段感情，但妳樂在其中，盡情享受愛情的每分每秒。

●得之，我幸

解答

A 瀟灑俊俏男

董字以草部起筆，有花花草草之意，表示他必須刺激妳的目光，長相與外形是吸引妳的首要條件。所以，那些外型挺拔出眾、內心很有想法的酷哥特別能觸動妳的心。

B 居家溫柔男

周字以吉字收尾，說明能為妳帶來安全感和好運的男性是最適合妳的戀愛對象。所以，妳對溫柔的居家型男孩尤為青睞。

C 不俗氣質男

主字以點起筆，下部剛好是一個霸氣十足的王字。這說明能電到妳的人是具有淡淡憂鬱氣質又有些大男人主義的人。妳希望男友是獨立性很強、有王者風範的人。

D 體貼乖乖男

播字的提手旁代表動手能力很強的意思，旁邊的番字裡有田，暗藏土地之寬廣，可以看出妳希望對方是一個心胸寬廣、溫柔體貼的乖乖男。

E 領導霸氣男

星字上部為日，象徵陽剛之氣，又代表罩得住的意思，有值得依賴之意。說明妳喜歡可以讓妳依賴的男性，自己能像個小女人那樣深受他的保護。

●女巫的寶石

解答

A 幸福緣分指數☆☆☆

妳更願意相信眼前的生活，不願意付出更多的辛苦和努力去追求新的東西。所以妳失去了人生中許多難得的美麗。

B 幸福緣分指數☆☆☆☆

妳是一個很清醒的人，對生活既沒有太過分的奢望，也不會草率湊合。妳相信世間的事情永遠是只有更好，沒有最好，因而，幸福在眼前的時候，妳會緊緊地抓住它，幸福不在的時候，妳也不會強求。

C 幸福緣分指數☆☆

妳是那種一般對事物保持三分鐘熱度的人，因而，幸福常常與妳擦肩而過。

D 幸福緣分指數☆

妳的悲觀、固執、對生活太高的奢望，都是妳不能幸福的根源。妳總在追求最好，因而妳錯過了許多美好。如果妳能換一種方式去看幸福，也許妳會得到更多的幸福。

E 幸福緣分指數☆☆☆☆☆

妳是有理想但不固執的人，妳總能從生活中發現新的樂趣，那些本不屬於幸福的機會經妳發掘，變成了難得的幸福。生活總是獎勵那些喜歡創造生活樂趣的人，妳當然比別人有更多的幸福機緣。

●愛情在哪裡？

解答

A

在平時常活動的地方可以找到妳的愛情。具體來說，回家的路上、學校或是妳常去的店鋪等，都很有可能是上演傳奇的地方。在那些場所，妳比較放鬆，可以在異性面前表現出妳的優點和魅力。

B

對妳而言，奇蹟的邂逅多半發生在令妳懷念的場所。試著到以前的母校附近或者曾經住過的城鎮去走一走，拜訪一下老同學，說不定會獲得意外之喜呢！

C

只要有一堆人聚集的地方，就是妳最容易找到愛情的地方。如果妳受到邀請去參加舞會或派對的話，一定不能錯過呦！另外，和朋友一起辦聯誼派對會比較有成功的希望。

D

妳的戀情多半發生在非平時活動的場所，或許妳曾有過到一個地方旅行時，與陌生人發生戀情的經驗。妳在海邊、遊樂場所、露營地等假日的休閒場所，比較容易找到另一半，如果妳現在還沒有男朋友或女朋友的話，最重要的是擴大妳的活動範圍。

●心中的他會成為妳的王子嗎？

解答

A

妳的個性單純又直接，像極了鄰家的陽光女孩，所以妳根本不用擔心交不到男朋友，也許妳喜歡的對象正在努力向妳靠近呢！

建議妳別太矜持，給對方多一點暗示，對方一有行動就以眼神鼓勵，給他讚賞

和默許，讓對方信心大增，還怕他不手到擒來，成為妳的囊中之物嗎？
成功機率：80%。

B
妳的個性較為內向與安靜，對愛慕的對象就算心動也不會積極主動追求。妳極具個人魅力與特質，身邊不乏追求者，但卻不是自己喜歡的那一個。
建議妳多製造些巧遇吧！讓對方有不得不跟妳開口說話的理由。時間久了，就會感受到妳的好，慢慢地開始對妳大獻殷勤，那時候離成功就不遠了。
成功機率：60%。

C
妳的喜好分明，有很強烈的個人主義色彩，在愛情上可能是個很難搞定的人物。所以男生對妳的評價也很容易兩極化，有人喜歡妳，有人卻很討厭妳。妳陰晴不定與愛說反話的個性也容易讓妳在感情中吃虧。
建議妳學會真誠表露感情，人家才知道如何跟妳交往做朋友。
成功機率：50%。

C
妳是很有個性的人，對方非常喜歡妳，甚至妳也有所察覺。只是妳和他都非常固執、倔強，誰也不願戳破，導致遲遲沒有結果。
建議妳主動一些，能促進妳們感情的，就只有讓對方徹底死心的感動，那時候其實也無所謂表不表白的問題了。
成功機率：40%。

● 蒙娜麗莎
解答
A
把雙手放在胸口前往往給人一種害羞、緊張、自我保護的感覺。選擇這個姿勢的男性就是喜歡這種含羞答答、在緊張時不自覺會手足無措、稍具氣質及矜持的女性。

B
兩手垂下給人一種自然、順從的感覺。選擇這個姿勢的男性喜歡自然、不造作、不刻意掩飾自己缺點以及帶點天真的女性。

C
兩手張開給人一種接納、包容的感覺。選擇這個姿勢的男性比較傾向於年長女性，或者是能給予他母親般溫暖的女性。

●顏色透露妳的性格和戀愛癖

解答

事實上,妳最喜歡的顏色代表妳隱藏的性格,妳最討厭的顏色代表妳的戀愛癖。

A

喜歡紅色(隱藏的性格)

紅色是代表精心和行動的顏色,喜歡紅色的人,個性積極,充滿鬥志。而且意志堅定不輕易屈服,凡事依照自己的計畫行事,一旦無法實現便覺得不順心。儘管如此,不論碰到多少困難,都不會被輕易打倒。妳信仰愛情,對浪漫也有一份期待,不過缺乏耐性,熱情來得快去得也快。對於阻擋自己幸福的人,則懷有很深的敵意。一旦感情出現問題,妳總是歸罪於他人。如果放開心胸,相信妳的人氣會更旺。

討厭紅色(戀愛癖)

妳不喜歡和別人太過親近,對於愛情採取觀望的態度,正因為如此,對於突然來臨的愛情往往不知所措,常常會臨陣脫逃。其實,妳心裡是渴望熾烈的愛情的,但由於這種衝突的性格,使妳在感情的道路上一直波折不斷。備受打擊的妳對愛情更是裹足不前,以致錯失良緣。

B

喜歡黃色(隱藏的性格)

妳富有創造力和好奇心,喜歡追求崇高的理想,對社會焦點和與自身息息相關的問題十分關注。妳相當有自信而且學問淵博,並引以為傲。表面看起來妳好像社交家一樣,其實內心十分孤獨。所以,妳絕對不會背叛朋友,也絕對不做沒有把握的事。

討厭黃色(戀愛癖)

在愛情上,妳喜歡將自己的價值觀強加在對方身上。因此,妳選擇的戀人多半是和自己相像或是平凡的人。妳認為浪漫與感情是無聊與滑稽的東西,所以絕對不會對藝術家氣質的人產生興趣。但是和自己太相像的人相處久了又覺得缺乏某種刺激,內心又希望改變現狀,實在是衝突極了。

C

喜歡藍色(隱藏的性格)

妳是一個很有理性的人,面對棘手的問

ANSWER解答篇

題常常臨危不亂，在起衝突時總是默默將事情化解，等到該予以反擊時，一定會以很漂亮的手法讓人折服。妳不善於交際，只與志同道合的朋友來往。但妳的人緣不錯，常因堅持崇高的信念而受人尊敬。不過，妳的性格很固執，絕對的堅持己見，對旁人的意見欠缺採納的雅量，十分介意相左的看法。

討厭藍色（戀愛癖）

在愛情上妳尋求互補的對象，如果自己平庸則會特別崇拜那些才華洋溢的人。對妳來說，戀人身上體現出妳所欠缺的優點，會讓生活更加精彩、刺激。一旦出現審美疲乏，便如一朵飄忽的雲朵蹤跡難覓，去尋找更有才氣的對象。

D

喜歡綠色（隱藏的性格）

妳既有行動力，同時又能沉靜思考，擁有截然不同的兩種特質。也就是兼具優雅與理性，喜好寂寞又謹慎保守。行事不會逾越本分，非常明白自我的立場。由於性情冷靜，無論面對任何事都能冷靜處理，而且絕不感情用事，所以深受別人信賴。對於別人的請求或委託，總是欣然接受。喜歡綠色的人十分上進，但不喜歡出風頭，常常會要求周圍的人一起奮發向上。

討厭綠色（戀愛癖）

妳害怕長大，在心態上一直不希望變成大人。在愛情上，妳希望得到更多的關注與呵護，總是要求對方不斷為自己付出。這種自私的性格，使妳常常說出傷人而自己又不自覺的話，最後只會讓情人傷心。

E

喜歡黑色（隱藏的性格）

妳一般很積極，希望自己能成為別人眼中的不平凡人物。是個有主見且應對得體的人，對未來會做很好的規劃和努力。 即使外表不修邊幅，看起來還是很優雅、高尚。

討厭黑色（戀愛癖）

在戀愛上，妳是一個十分討厭被束縛的自由分子。注重自己的直覺，尤其相信一見鍾情，即使對方已有對象或家室，

妳也會不顧一切去追求，這一點相當危險。事實上，妳身旁還有很多默默為妳付出的人，值得妳去注意。

F

喜歡紫色（隱藏的性格）

喜歡紫色的人，可以說是藝術家類型的人，容易多愁善感，但機智中帶有感性，觀察力特別敏銳。雖然自認平凡，但相當有個性，在內心強烈渴求世人肯定妳的才能，但有時顯得太過虛榮，裝飾過度。在公開場合顯得沉默而內向，由於性情不定，旁人很難理解妳真正的想法。有時容易濫用感情，以致於造成很多不必要的誤會。

討厭紫色（戀愛癖）

討厭紫色的人，控制慾望很強，喜歡在戀愛上採取主控權。與其說是為了愛而企圖對方改變，不如說是希望按照自己的意圖去塑造情人。在愛情上表現得很強勢，對方往往無法忍受，會忍不住想逃離妳的身邊。不過，妳很有自信，就算情人離開了，也不會太難過。

G

喜歡棕色（隱藏的性格）

妳的個性拘謹，自我價值觀很強烈。在與人交往中，利害關係劃分得很清楚，容易給人留下冷漠的印象。但在外表及處理事情的態度上，卻給人一種無比的信賴感。妳耿直的個性，讓人十分信服妳，不知不覺中支持妳的夥伴會越來越多。

討厭棕色（戀愛癖）

在戀愛上，妳喜歡主動、直接的愛情，常常放任自己的情感。遇到心儀的對象，就會顯得十分急躁。由於好奇心太強烈，經常會被很多新奇的事物所吸引，以致忽略了情人。妳想到什麼就去做什麼，人緣很好，和朋友相處的時間遠比情人還要多，這一點會讓妳的情人感到不安，總有一天一定會離妳而去。

H

喜歡粉紅色（隱藏的性格）

喜歡粉紅色的人常常想讓自己呈現出年輕、有朝氣的感覺，甚至希望在旁人的眼中有個高貴的形象。喜歡粉紅色的人大多不是俊男就是美女，散發著一股迷人的魅力，不過，這種類型的人卻有強烈逃避現實的傾向。不善於吐露心事，常常躲在自己的小天地之中。不容易接受別人的意見，也不喜歡和人爭論，做事優柔寡斷。另外，無法忍受現實的難堪以及曾被信任的人背叛的人一般也會

喜歡粉紅色。

討厭粉紅色（戀愛癖）

在戀愛上，喜歡粉紅色的人會給人一種不夠坦率的感覺。常常對另一半吹毛求疵，即使對方送禮物給妳，在說謝謝之前，還是會挑三揀四的說一堆不該說的話。老實說，妳就是希望對方把妳捧上天，對妳服服貼貼的。

●戀愛疑心病

解答

A

想讓對方傾家蕩產，實在是夠心狠手辣的！妳之所以這樣做，是因為曾經受過傷害，使妳不再相信愛情。先想辦法治好內心的傷痕吧！否則妳再怎麼談戀愛都覺得索然無味。

B

妳是個重視物質享受的人，雖然很浪漫，但仍保持著清醒的頭腦，堅定不移地奉行「麵包重於泰山，生活品質要靠

金錢堆砌」的信念。妳並不想當貧賤夫妻，如果覺得未來不會比現在更好，很容易臨陣脫逃。

C

妳是以結婚為目的來談戀愛的。如果妳認為將來不可能有結果，就不會繼續投入妳的感情。妳可以是一個好妻子，但絕對不是一個浪漫的情人。

●D

妳還沉浸在夢幻愛情裡，對伴侶體貼入微。談戀愛時，總是為對方著想，但分手時，總怪自己付出太多。

●E

什麼都不要的人，最難抵擋花言巧語。可是當雙方的感情穩定後，卻對情人的挑剔度異於常人，是個最難討好的情人。對方總是不知道該如何取悅妳。

●妳適不適合相親？

解答

●A

妳並不適合相親，由於生性比較急躁的緣故，一旦聽到婚姻專家說「今年再不結婚的話要等10年才有下一次緣分」時，就會迫不及待地四處相親，幾個月之後便火速結婚，真是超級閃婚大師。妳欠缺深思熟慮，尤其是當對方給妳的

138

第一印象合乎心意時，就會在還不瞭解對方的情況下立刻答應這門親事。如果結婚後發現對方的不足，產生了衝突，很有可能會以離婚收場。

▶B

不肯冒險去賭冷門，只走穩當可靠路線的妳，對相親也持相同的態度。妳把希望寄託於相親，對相親的對象給予較高的期望。所以，妳會在相親後深思熟慮，認真考慮利害得失，然後才會答應這門親事。雖然妳的相親適合度很高，但紅娘的功力也在一定程度上對妳相親成功的機率有影響。如果紅娘不合格，妳想找一個醫生，媒人卻幫妳找一個鄉村獸醫或一個暴發戶，妳可就慘了。因此，想在相親中真正有收穫的話，妳還是好好選擇紅娘吧！

▶C

妳是一個對相親較為反感的人，在參加相親之後會考慮良久，最後可能還是會以一句「你太完美了，我配不上你」來拒絕對方。雖然妳現在還很年輕，來日方長，但是還得提醒妳不妨考慮一下相親，免得到時年紀大了，才急著找媒人。

●雙人遊戲猜透妳的另一半

問題1：心理解析

這個立方體代表的是測驗者的內心世界，以及他是如何看待自己的。如果這個立方體相對較地面非常大，意味著他的需要和感覺非常重要；如果相對比較小，則意味著自己比較高大。如果這個立方體是堅硬的、難以穿透的，例如鋼鐵製成的，意味著這個男人為他的內心世界築起堅固的城牆；但如果是堅固但可以加工的材質，例如皮革或者木頭，則意味著這個男人既堅強又不失靈活性。如果這個立方體是透明的，說明他願意人們與他交流情感；但如果是玻璃的，則意味著他的感情比較脆弱。

問題2：心理解析

這個梯子代表他的朋友、他的家人，以及他可以依賴的事物。梯子的大小表明朋友或者團體對他有多麼重要。梯子和立方體的距離可以表示，他離他的團體有多遠。如果這個梯子靠在立方體上，意味著別人可以依賴；如果這個梯子支撐著立方體或者橫放在立方體下面，說明他依賴別人。至於梯子的材質、顏色和結構則代表他是如何看待他的團體的。例如，如果這個梯子不牢固，是用橡膠做的，上面的階級太少，根本無法攀登，說明他對朋友和家人對他的依賴感到不安全。相反的情況，如果梯子是非常堅固的，而且牢牢地豎在地上，說明他的內心感到非常安全。

問題3：心理解析

這匹馬代表他的情人。如果這匹馬離立方體很遠，或者在遠處若隱若現，意味著他現在還沒有陷入愛情，或者對他的情人沒有特別強烈的感覺。一匹強健的、疾馳的馬代表一種不太穩定的性關係。相反，一匹灰白色的老馬則代表兩人的關係比較融洽，但是沒有幸福感。如果這匹馬載著韁繩或者馬鞍，說明他喜歡控制他的情人。如果這匹馬載著毛毯或者其他類似的東西，則意味著他很會保護自己的情人，不會支配她。如果這匹馬什麼都沒有載，說明他希望自己的情人具有獨立的個性。

注意：如果測驗者還沒有情人的話，這匹馬就是他夢想中的樣子。

問題4：心理解析

暴風雨代表他在生活中遇到的麻煩和挫折。暴風雨的強度反映了他所遇到的困難有多麼嚴重。如果暴風雨吞噬或者擋住了立方體，暗示他現在遇到了很棘手的麻煩；或者問題總是他生活的一部分，或者他總是在烏雲的陰影中過活。如果暴風雨離立方體很遠，說明他不願意讓任何問題困擾他的生活，但也意味著他不願處理這些問題，而是掩蓋或者忽略這些問題。如果暴風雨正在通過這片沙漠，這意味著他是個倖存者，在經歷偶爾的挫折之後他還會勇往直前。

●少女的心思

問題1：解答

🎯 A 死心塌地指數：50%

對於愛情妳持隨緣的態度，剛開始妳不會對約會的對象抱有太大的希望，奉行「多看多交」的原則，在情人眼中妳看起來總是充滿了謎一樣的色彩，具有致命的吸引力。保持理性和冷靜的態度，是異性對妳保持高度興趣的主要原因。由於妳忽遠忽近、忽冷忽熱，可能會讓妳真正喜歡的人誤解，認為妳對他的興趣不大，進而打消想要再繼續的念頭。

🎯 B 死心塌地指數：80%

妳看起來對愛情裡很有一套，可以玩得灑脫，放得開，這只是應付那些妳不喜歡的人所採取的態度。其實妳是一個對愛很癡狂的高危險分子，一旦遇到妳真心喜歡的人，便會不顧一切的想把妳所有的全部奉獻給他，是屬於勇敢追求所愛的人。一旦愛上了，就會不計代價的去付出，不管對方是好或壞，妳總以為

對方會看見妳的犧牲而改變，其實這只是自欺欺人的做法。愛做夢的妳，常會自己一個人躲在一旁，思考妳們之間的問題，缺乏真正的溝通，是妳感情上最大的致命傷。

C 死心塌地指數：60％

在愛情國度裡，妳害怕受傷害更勝於期待，所以妳總是在試探著愛情，希望能在別人經驗裡，找到自己的愛情原型。所以在談戀愛時，妳喜歡保持一點距離，多去觀察對方，再投入感情。聰明的妳，很會在情人的面前裝單純，其實妳是很不簡單的，因為妳是會保持冷靜，多方觀察對方，但是妳也是「外貌協會」的一員，一旦遇到帥哥，之前一大堆的原則也會在一見面時，立刻瞬間瓦解，是十足的一見鍾情，有異性沒人性。

D 死心塌地指數：90％

妳一旦遇到喜歡的人，就會像老媽子一樣，一天到晚想著關心他、照顧他，這種過黏的行為，對方有點受不了。多一點信任，多一點自由，他一定會更愛妳。對於愛情妳總是充滿了浪漫的想像，相對的，妳會把這樣的期待投注於情人身上。但是，過度的期待導致極度的失望感，這可能會造成雙方的爭吵，成為妳們感情最大的隱憂。

E 死心塌地指數：40％

可愛的妳，像個小精靈似的總愛捉弄情人，盡情享受愛情的美好，看著他為妳慌、為妳忙、為妳擔心，妳就越能感受對方愛妳的溫度，對於愛情，妳只在乎當下的感覺，不重視雙方的承諾，希望愛情是快樂而甜蜜的，所以妳不會給對方壓力，相對的，一旦妳不再喜歡對方，妳也可以快速做出判斷，調整好自己的心情，瀟灑離去。

問題2：解答

A 外遇指數：20％；外遇可能對象：自己。

妳的另一半是屬於沉默寡言型的男生，他喜歡在自己幻想的世界裡做夢，不喜歡被人打擾。他一旦喜歡一個人，就會全心全意地對待她。專情的他外遇指數不高，由於不喜歡與人溝通，喜歡自己去思考問題，有時候會出現溝通障礙，讓妳有一種對牛彈琴的感覺。

ANSWER 解答篇

B 外遇指數：90%；外遇可能對象：妳的圈中密友。

妳的情人是一個對女生條件要求很高的人，他喜歡欣賞女生各種類型的美，一旦迷戀上了就無法自拔，同時他也是一個很容易受到引誘的人，因為每個女生都有屬於自己的美，弱水三千，只取一瓢也太難選擇了吧！由於他對外遇抵抗指數很低，所以要特別提防他和妳的同性好友的接觸，或許只是一時的貪玩，想玩點小曖昧，玩著玩著便一發不可收拾，給妳帶來嚴重的傷害。

C 外遇指數：70%；外遇可能對象：他的乾妹妹或是異性好友。

妳的情人很喜歡出風頭，只要到人多的場合，他總是忍不住想要展示他與眾不同的品味和氣質，只要有女生對他流露出崇拜的眼神，就會令他高興不已，很容易與對方發展成曖昧不明的關係。本質上，他是一個很有自制力的人，基本上堅持愛情單一的原則，不會輕易腳踏兩條船，不過這只是原則問題，如果遇到女生對他拼命追求到底，他還是有可能會豎白旗宣佈投降的。

D 外遇指數：50%；外遇可能對象：網友。

妳的情人在外表上看似很愛表現，其實他內心是一個極為敏感、細膩的人，總是和別人保持一定的距離，但是又希望別人主動去瞭解他，一點一滴的發現他內心的世界，與他分享。他重視靈魂更勝於肉體，表現得太隨便，會讓他看輕妳的價值。感性的他，喜歡和人一起分享內心的感覺，他不喜歡太直接的接觸，所以他喜歡網路裡安全的世界，可以保有自己的隱私，可能長久沉浸其中，所以，他可能會和某位網友透過交心而在不知不覺間喜歡上對方。

●戀愛中的小氣鬼

解答

A

愛情並不是妳的唯一，家庭、學業、事業甚至友情，都會讓妳心甘情願地投入不少精力。即使陷入了愛河的妳，也不沉溺其中。在愛情和金錢之間，妳會盡力保持兩者的平衡，用金錢攻勢來討好對方，對妳來說就如同交易，妳絕不會去做的。總而言之，妳的愛情EQ還是蠻高的。

B

妳一般是想怎麼做就怎麼做，不會顧慮別人怎麼想，更不會在乎人們的議論。妳覺得金錢用在情人身上是理所當然的，沒有什麼值得懷疑的，所以妳會盡力滿足情人的物質需求。看到情人眉開眼笑，妳感覺超棒。不過要提防那種佔了便宜就不認帳的人，千萬別賠了夫人又折兵。

C

為情人花錢，妳不會小氣，但妳會把錢花在刀口上，絕不當愛情的冤大頭。乍看妳似乎很慷慨，但事實上並非如此，在妳的心中，每一筆開支都用鐵算盤認真盤算過了，認為有回報才會去付出。妳明白自己想墜入的是愛河，可不是無底錢坑，再說，義無反顧地追求愛情，絕對不是妳的本性。

D

妳花錢如流水，對待愛情更是如此，當妳興致來時，為情人花多少錢也不在乎，反正沒錢就四處討債，大不了天天吃泡麵。如果無法滿足情人的物質欲求，就會開口向親朋好友借錢，不管會不會造成他人的困擾，也要滿足情人的胃口。

● 妳對愛忠誠嗎？

解答

心理學家曾經分別找來10位女性和10位男性參與這項測驗，在女性受測者中有6人認為對面椅子上坐的是女士的同性朋友，而在男性受測者中只有4人認為對面坐的是女士的同性朋友。如果妳認為這個看不見的人是男士的話，意味著妳渴望與異性接觸，本身具有浪漫情懷，對外遇十分憧憬。選擇「同性朋友」的人一般道德感較強，不會輕易做出出軌的事。而選擇「餐廳服務員」的多半是平日工作繁忙，無暇他顧的人。

● 一邊是愛情，一邊是友情

解答

A

妳富有體貼之心，處處替別人著想。即使有了情人，依舊珍惜友情；理智，不輕易行動，以誠意溝通，化解三角難題。

B

妳是個愛情至上的人，在危急關頭，一定會捨棄友情而取愛情。一有談戀愛的機會，就棄親友如敝屣，口頭上雖說友情不渝，但到時候，不能保證不惜背叛長久友情。

C

誠實明理，本身不想傷害親友，但容易為愛情所困，易陷入情網。

D

選大戒指的人，是以自我為中心、唯我獨尊的類型。善妒，對親友的戀情，毫無慶幸與祝福的雅量，卻把自己的戀情和婚姻置於友情之上。

144

●甜蜜愛情的障礙物

解答

A

甜蜜愛情的障礙物——自卑。

妳對自己欠缺了點信心，在戀愛上表現得更為嚴重，總是擔心自身的學歷、社會地位等條件搬不上檯面，害怕對方拋棄自己。這些不安的因素，一方面會使妳故做高傲，將內心的恐懼偽裝起來；另一方面妳會先發制人把情人甩掉，免得日後被甩感到沒有面子。妳這樣疑神疑鬼，很容易變成神經質。

溫馨提示：前怕狼後怕虎，愛上妳的人，真的是還得多花些工夫，多死好多腦細胞！愛情需要自信，相信自己的感覺，大膽接受對方的邀請吧！主觀的臆斷與猜忌是甜蜜愛情的最大敵人。

B

甜蜜愛情的障礙物——門第觀念。

妳奉行門當戶對的傳統觀念，認為情人之間的生長環境不同，思考模式和生活習慣就會很難適應。當這樣的狀況發生在自己身上，妳在潛意識裡就會趨向悲觀，總覺得兩人完全不配，在一起根本沒有未來可言。這樣的想法，會成為情感的定時炸彈喔！

溫馨提示：真愛可以超越一切！用心付出，認真經營，妳會創造出自己想要的夢境。

C

甜蜜愛情的障礙物——厭倦情緒。

妳的感情一旦從熱戀高峰期回復到平常期的狀態時，內心就會漸漸對感情產生一種厭倦情緒，對以往喜歡做的事情，也由熱情如火變成了例行公事。妳也想尋找新鮮感，卻又不知該如何改變，這種無力感，將加重妳的戀情危機。

溫馨提示：求新、求變是感情保鮮的良方，只知道享受不願意創造，這樣的想法只會將愛情早早地葬送，實際上兩者並不衝突。

D

甜蜜愛情的障礙物——杯弓蛇影。

妳有一種強烈的不安全感，擔心戀愛後會成為弱勢的一方，所以會小心翼翼觀察對方，要是對方流露出霸道的行動，把想法強加在妳的身上，妳就會變得驚慌失措，甚至會選擇分手來逃避。在反反覆覆的追問與考驗之中往往適得其反，反而與甜蜜漸行漸遠。

溫馨提示：理清自己的感情思路，消除誤會，學會細膩，用心靈交流。

●愛情試題

解答

①如果用一個季節來形容妳的愛情，比較接近的是：
A、春天；B、夏天；C、秋天；D、冬天。

②如果妳介入別人的感情糾紛中，最適合妳的舉措是：
A、討厭競爭，低調離開，以此來驗證彼此的感情。
B、積極主動地去爭取，對結局充滿自信。
C、不離不棄，但又不疾不徐，苦苦掙扎但又享受痛苦。
D、3個人面對面說清楚，乾脆俐落，絕不含糊、拖泥帶水。

③妳對別人感情隱私的八卦程度：
A、比較八卦，要注意控制，防止過分「關心」別人而忽視了自己的生活。
B、很八卦，要注意收斂，以免引起別人反感。
C、不太八卦、生活充實。
D、有點八卦，生活有些空虛。

④妳目前的愛情生活，缺少一點：
A. 營養元素。
B. 最初的簡單與單純。
C. 調味劑。
D. 了斷。

⑤從前的愛情經歷對妳來說，像是：

A. 越炒越烈的下酒菜。
B. 得以繼續生活下去的精神食糧。
C. 已經廢棄的垃圾桶。
D. 偶爾又會再度刺痛妳的利劍。

⑥對改善妳目前感情生活最有幫助的舉措是：

A、內在素質的提升。
B、外表的打扮。
C、培養對日常生活瑣事的興趣。
D、總結和汲取以前的愛情教訓。

⑦妳選的就是妳最依賴的人。

⑧對於經歷過的愛情教訓：

A. 妳過後就忘，好了傷疤就忘了疼。
B. 妳總會有所領悟，但並不能真正認清真相。
C. 妳總會小心地不會再犯。
D. 妳就當是上帝跟妳開了一個玩笑，一笑置之。

●無可奈何花落去

解答

A

太過理性是妳變心的原因。妳對自己充滿了自信，卻不懂得欣賞對方優秀的一面。妳認為對方雖有很多優點，但缺點也是一籮筐。妳總是有充足的理由使對方啞口無言，當妳遇到心情不順、感情

不夠和諧時，就容易找出各種理由、以性格不合而分手，也許妳需要的是一位十項全能的情人。

B

妳是一個喜新厭舊的人，容易挑剔對方的缺點，這種個性使妳很容易迷失在情感漩渦裡。妳嚮往浪漫的愛情，這樣才會感動和陶醉。做妳的情人或伴侶，必須瞭解妳的需要，如果沒有足夠的把握來拴住妳的心，應當知難而退。

C

無法承受太多壓力是妳變心的原因。當妳對生活感到不滿足時，常常會責怪妳的情人或伴侶，對方若不能分擔責任，妳便會與之分手。公平與責任是妳愛情關係的主要特色，當妳受到平等尊重的待遇，妳才會感到被愛。妳對愛的需要並不多，只要對方有品德、有人生目標、有理想，妳就會永遠陪伴在他身邊。

D

妳因為自知無法掌控情人而離去，說明妳對自己沒有自信，需要情人較多的關懷。妳認為忠誠的愛情很少有，因此妳的愛情需要較多的保證，才能使妳放心地去愛對方。

●愛情EQ

解答

👉A 搖擺型。

妳有中度的愛情EQ指數！雖有三心二意的傾向，但不會推卸責任。

👉B 固執型。

妳的愛情EQ有低度的傾向，當心新戀人會吃悶醋，就此一走了之。

👉C 理智型。

妳有高度的愛情EQ指數，有適應未來、珍惜過去的能力。

👉D 沮喪型。

哎！妳的愛情EQ實在太低，失去舊戀人對妳是一種打擊，要趕快走出去呦！

●愛情操盤手

解答

👉A

妳是一個相對獨立的人，對於愛情，妳喜歡玩劈腿的遊戲。妳既可以同時周旋於幾個人之中，也可以一個人單獨的過上一陣子。如果和其中的一個人發生了衝突，妳就會到另一個人身上去尋找慰藉。妳希望生活面面俱到，又想擁有獨立的自我，總有分身乏術的時候，小心妳的愛情崩盤哦！

👉B

妳對愛情有強烈的自卑感，逃避是妳遇到挫折時第一個想到的念頭。妳十分依戀妳的另一半，愛情對妳來說，就是妳

生命的全部。為了永遠留住對方的心，妳表現得像個奴僕，絕對服從對方，無怨無悔。正是妳這種卑下的態度，讓妳的愛情坎坷不定。其實，能真正給妳愛的勇氣的是妳自己。希望妳勇敢突破自我禁錮的牢籠，真正主宰自己的命運！

👉C

妳在外表上表現得很強勢，無論是在愛情還是生活中總是試圖控制整個局面。在談戀愛的過程中，妳自以為高人一等，一開始就把自己定位在主宰者的地位上，本以為愛情全在妳的掌握之中，可是突發的事件總讓妳手足無措。心理學家建議：盡量用「我有點不滿」或者「我希望」代替「必須……」，時刻提醒自己對對方為妳所做的事情說聲「謝謝」，即使是微不足道的小事。

👉D

世上雖然沒有十全十美的人，但是在談情說愛方面，妳絕對是個優秀的操盤手。妳的祕訣其實很簡單：擁有獨立的自我意識，懂得適可而止。妳是一個善解人意的人，如果對方敬妳一尺的話，妳會回敬一丈，妳懂得如何對待異性的缺點而又不會傷害到對方。

●愛情免疫力

解答

👉A

愛情抗體：☆☆☆

ANSWER解答篇

妳注重自我，遵從內心的需要，因此只要對方能夠給妳足夠愛的感覺，妳便會無視客觀因素投入愛河。妳不太喜歡受拘束，在戀情上，一般是隨遇而安，所以妳的另一半由朋友轉變為情人的成分極高。只要投妳所好，加上長期關心，很快就能擄獲妳的心。當然，一旦客觀事實限制了妳的愛情，比如對方已有家庭，妳就會轉身離開，愛與不愛都一樣自如。

小編建議：喜歡自由不代表能隨意處置別人的感情。玩歸玩，該認真的時候還是要認真對待。

 B

愛情抗體：☆☆☆☆☆

妳是一個很重視自我感覺的人，沒興趣的東西一向不屑一顧；相對的，只要是妳想要的，千方百計也要得到，其瘋狂程度令人瞠目結舌，對於愛情亦然。妳發生婚外情或成為第三者的可能性也比一般人要高，只要是妳想要的愛情，妳就會絞盡腦汁設法得到，否則絕不放手。這樣的妳，很容易在愛情裡受傷。

小編建議：當一段感情陷入拉鋸戰時，多關注一些生活中有意義的事情，愛情並不是衡量一切的標準。

 C

愛情抗體：☆☆☆☆☆☆

妳是個外表看似隨和其實內心十分剛強的人，總是認為「道不同不相為謀」，

所以妳選擇的戀人一般是能夠一開始就和妳談得來的人。理智而堅強的妳，不會輕易付出自己的感情，但是在潛意識裡並不缺乏浪漫與熱情。所以，如果對方是妳心目中完美情人的形象，妳就會突破世俗的偏見，無視他人的看法，可以說是一意孤行到底的典型。

小編建議：不要帶有偏見去看人，一開始被妳鄙夷的對象，也許在多年之後才發現其實他就是妳的真命天子。

 D

愛情抗體☆☆☆☆

妳有時憧憬著童話式的浪漫情緣，有時又嚮往石破天驚、轟轟烈烈的偉大愛情。妳喜歡尋求刺激，不過所幸還夠理智，幻想歸幻想，現實生活中妳也會腳踏實地。在妳身上發生戲劇性愛情的機率不是很高，因為妳總是深思熟慮、三思而後行。當然如果遇到令妳窒息的對象，妳也會被打動，決心冒險一試。一旦發現那不是自己想要的幸福，也會理智的抽身離開。

小編建議：自卑有時會讓妳白白失去很多良機，無論如何愛一個人，前提是要愛自己。讓自己生活好，才會在愛情的世界裡享有完整的精神獨立。

●妳是否依然愛我？

解答

 A

妳的答案裡充滿了同情，雖然對愛情忠

實，也難免會因為同情而變得多情，進而捲入一些男女是非之中，當然愛情的不幸福也有可能使妳不得不移情別戀。妳是很好的朋友、情人、配偶，但是多情的妳，當遇到機會時，總會使愛情的忠誠度打了折扣。

B

妳對目前的情人十分滿意，是不會移情別戀的，除非妳們之間的感情出現了危機，同時又有搶手的異性追求，在雙重壓力下才會有變化。妳忠誠度相當高，所以在婚前最好確認一下妳的他是不是可靠的人。

C

妳的愛情忠誠度也相當不錯，不過妳與答案B不同之處是，妳比較善於觀察別人，不會將愛情託付給一個不值得愛的人。妳不僅有忠誠度，也懂得掌握一個幸福婚姻，是個體貼又善解人意的人。

D

從答案中可以看出妳的防備心理，但是它卻是來自潛意識裡的好奇心。妳對其他各種類型的異性，仍充滿好奇。即使妳很愛目前的情人，忠誠度很高，但是時間久了，愛情一旦褪色，妳就會轉移目標。如果對方是很理想的對象，就好好反省自己，收收心吧！

●愛情騙子的陷阱

解答

A

妳容易掉入許諾要給妳美好未來的窮酸藝術家所設的愛情陷阱中。妳對愛情有自己的看法和品味，對於感情的態度是寧缺勿濫，當妳遇到品味獨特的男生時，很容易陷入愛河。對方信誓旦旦給妳許下一個美好的未來，可是一到後來才發現，對方不僅是窮，而且還負債累累。

B

妳容易掉入用甜言蜜語騙妳感情的花心大帥哥所設的愛情陷阱中。妳對愛情有著夢幻般的浪漫幻想，對於愛情既期待又怕受傷害，如果對方非常的帥又非常會說話，妳就會完全把戒心拋開，立刻掉入愛情陷阱中，之後才發現原來對方是劈八隻腳的花心大蘿蔔。

C

妳容易掉入讓妳誤以為釣到金龜婿的假財神所設的愛情陷阱中。妳對愛情沒有安全感，認為愛情雖然很重要，但是麵包卻是根本，如果對方出現時表現出對事業非常有企圖心或者是說自己是企業家第N代等等，妳就會芳心暗許。可是真正交往之後，當對方常常跟自己借錢時才發現原來對方是個冒牌貨。

ANSWER解答篇

●婚姻品質白皮書

解答

以上22道自我測驗題是供夫妻雙方瞭解其婚姻是否美滿的,是根據美國聖路易的華盛頓大學著名心理學家約翰·高特曼發明的數學公式設計的,他是離婚預測研究領域的鼻祖。如果妳的情況與其中12條以上相符,那表示妳的婚姻極其牢固;如果與妳相符的少於12條,那表示妳的婚姻有待改善,妳不妨從加強交流和溝通等基本方面入手,逐步提高妳的婚姻品質。

●妳是怎樣的父母?

解答

A

妳無時無刻都會掛念著妳的孩子,希望給小孩創造出更好的成長環境。把全部的心思放在孩子身上,常常忘記自己的存在。

B

只要給妳機會,妳很快就會變成一個完美的合格父母。妳常常以自我為中心,工作是妳的全部。妳將百分之一百二十的精力放在工作上,甚至常常忘記自己已經結婚生小孩了,只有假日閒下來才會搖身一變成為爸爸或媽媽。

C

骨子裡還是個大孩子,恨不得自己當小孩就好。在妳內心深處還很孩子氣,不

希望自己長大,即使有小孩也希望把妳當成好朋友。

●面對孩子的成長

解答

A

在妳的眼中孩子永遠都是孩子,他做的任何事都會讓妳很緊張,只要有關孩子的事情都會衍生出妳無窮的煩惱,唯一可以讓妳放心的是親手幫助孩子解決。妳一直希望自己的孩子永遠都長不大,永遠聽妳的話,妳的控制慾真的很強。其實,孩子長大了,他們想過自己的生活,不可能總是按照妳的軌跡去走,有些事是不能勉強的哦!

B

妳很高興看到孩子長大成人,妳會適時地調整自己的角色,把孩子當成大人看待。

C

妳做出這樣的反應並不能代表妳和孩子的關係是對等的,相反,這表示妳對孩子太過於溺愛了,應該對他嚴格一些。

D

妳無法接受孩子的成長,一旦孩子長大成人了,妳往往不知所措。

150

●不能説的祕密

解答

A

他對自己的性技巧很沒有信心，妳千萬不要取笑他做愛千篇一律，毫無新意。當他依舊採用固定的模式時，妳說：「沒關係，下次我們換個姿勢。」如果妳以為這種鼓勵可以起作用，那就大錯特錯了。這時妳最好保持沉默，如果刻意鼓勵和安慰，無異於掩耳盜鈴！

B

他是一個非常嚴格的人，所以應該極力避免在床上向他提出要求或者是強詞奪理。當他正在和妳纏綿，妳說：「親愛的，我想買一個白金戒指，好嗎？」儘管他很願意為妳買那個戒指，也不會喜歡把做愛和戒指放在一起說，這難道是交易嗎？如果他真的生氣了，做愛後立刻甩出一萬塊：「這是妳的報酬，拿去買戒指吧！」妳一定會尷尬死！

C

他最討厭在床上被問及過去的事，所以千萬不要觸及關於他的前任女友的話題。當妳很主動，而他非常欣賞時，妳問：「我和妳過去女朋友哪個功夫較好？」這真是一個兩難的回答：否定妳？還是否定她？要知道，大多數男人和下一個做愛時，壓根兒不會記得上一個表現如何。

D

他是一個十分專注的人，妳千萬不要心不在焉，在床上說錯話或者廢話太多。當他正處於激情澎湃，準備梅開二度的時候，妳卻說：「下次吧，我睏死了！」扼殺夢想等於謀殺，妳這句話會讓他從頭涼到腳後跟，即使勉強做愛，也是味同嚼蠟。

E

他對於自己不擅長營造浪漫的氣氛十分在意，所以避免提到這一點。當他輕輕撫摩妳的皮膚時，妳突然尖叫：「你的手怎麼那麼粗糙？真是煩人！」沒辦法，男人不可能全是細皮嫩肉的小白臉，只要妳不至於無法忍受，還是不要說出來為妙！

●婚姻暴力離妳有多遠？

解答

A

妳對婚姻中的暴力行為懷有一種恐懼感，對婚姻暴力可以說是深惡痛絕。妳比較重視與人為善，碰到不合理的事情發生時，也多半是自己承受，淚水往肚裡吞；或者是乾脆就跟這樣的人少打交道。妳非常自卑，不信任任何人，不喜歡向別人表達自己的感受，即使對妳所愛的人也是如此。太過軟弱除了讓人欺負，也讓自己的壓力越來越大。忍受不是解決事情的良方，適當地抒解和發洩，妳的人格才能夠健全發展。如果妳

151

想早點結束心中的恐懼感，就一定要試著把話講出來！

B

妳有很嚴重的暴力傾向，對情緒也常常失去自制力，造成心情總是容易隨著環境或是身邊的人事物而大起大落，連自己都無法捉摸。妳的個性很容易讓情人對妳望而生畏，敬而遠之。妳把婚姻暴力看得太簡單了，甚至認為這只不過是做丈夫（或妻子）的正常舉動，對方不應該太在意。有時，妳為了自己的一時之快，常常不顧對方的感受。但是，妳絕對要記住，到了對方忍無可忍、反戈一擊時，妳們的婚姻就立刻陷入瓦解的危險境地！如果妳覺得自己狀況很嚴重，記得一定要尋找專業的心理醫生來協助處理。

C

妳本身是個理智的人，所以妳的憤怒多半是因為實在是無法忍受了。但是，妳絕不會訴諸武力解決，動粗對妳來說是極端野蠻、不文明甚至下流的行為，因此妳譴責婚姻中的暴力行為。主張以和平的方式解決家庭問題，設法和對方溝通。不過，妳絕對不會受窩囊氣，一旦對方試圖對妳施暴的話，會惹得妳大發雷霆。一般而言，妳的家中出現婚姻暴力的可能性不大。

D

妳的潛意識裡有種渴望暴力的傾向。也許妳在家庭中受到的壓抑太多，也許對方經常無理取鬧，總之，妳認為婚姻暴力是解決問題的途徑之一。重情的妳容易執著，也容易鑽牛角尖，有時會把暴力做為一種發洩苦悶的方式，只要另一半稍有不合妳意，或是做出背叛妳的事情來，妳便被情感淹沒了理智，歇斯底里地做出連自己都不想做的事情來，但很快又後悔了，下決心不再重犯。這樣只會給夫妻雙方留下更多的情感隱憂，輕易嘗試不得。

●妳是哪種類型的職員？

解答

A

邊想邊做：職場中的妳簡直就是稀有動物，能夠將「想」和「做」這兩項兼顧並且可以同時進行。妳反應機敏，勤奮用功，更重要的是有過人的膽識和正確的判斷力。妳這類人在職場中可以說是最容易成功的，但是物極必反，職場中最容易被打倒的也是妳這類人。妳往往鋒芒太露，為此惹來許多不必要的麻煩，最後導致才能還沒有發揮出來便被掃地出門。所以，妳必須在人際關係上多進行一些磨練。

B

先做後想：妳往往處於一個比較尷尬的境地，其實妳並非不勤奮，上司指示的

一般都會認真準備去完成；也並非不靈活，接到任務後也會啟動腦筋進行全面思考。只是「做」和「想」並不同步，有一個時間差，常常在工作過程中不斷思考而延誤了辦事的效率。最後不但沒有以最快的速度完成，也沒能呈現出完美的品質，並且在工作中不斷找上司詢問或闡述自己的想法更讓人生厭。

C
只做不想：妳在辦公室的表現可謂是勤勤懇懇、認真敬業，深得上司和同事的欣賞，他們樂於將重要的事物交給妳去辦，妳在職場中的地位也會穩如泰山。如果甘願一輩子做一個永遠聽命於人的職員，妳可以繼續如此勤奮、聽話、謹慎的按照上司的指示行動。但如果妳還認為自己的才能不只於此，還有更遠大的發展，就大膽地表現自己吧！

D
只想不做：妳有豐富的想像，令人驚奇的發散性思維，適合從事獨立的創造性工作。在公司，妳的詩人和畫家氣質會讓妳背上自由散漫的罪名。一旦給周圍人留下這個印象，重要的任務絕對不可能再落在妳的身上，最終妳很可能空有滿腹才學，卻無處施展。收斂一下自己的個性，踏踏實實做一些事情，妳的才華和獨到見解自然會鋒芒畢露。

E
不想不做：妳是職場中最快樂的一類人，雖然身在職場，但除了一些可以消遣的八卦新聞外，對其他事情根本毫不在意。他們對升遷之類的事情毫無興趣，只是在辦公室打發一些無聊時間，心也許早就放在第二職業上了。這一類人在職場中可以說是最沒有前途的，但也可以說是最前途無量的。

F
先想後做：妳在接到一件任務後，事先會仔細斟酌，在確保自己思考清楚後，才動手開始。雖然在效率上可能比拿起就做的人稍低一些，但品質卻是完美無缺的。並且這類人一般會保持比較謙遜的態度，不會是恃才放曠，也不會招惹小人。

●簡訊密碼

解答

A
致命弱點——三分鐘熱度，做事常常半途而廢。

現在，妳不妨好好思量一下，到現在為止，有幾件事妳真正做到了善始善終。妳夠聰明，也有足夠的熱情，但可惜，只是三分鐘熱度。妳的性格很善變，常常是事情進行不到一半，就覺得索然無味，而且又很任性，一旦不喜歡了，想都不想就放棄。處理人際關係也是如此，剛開始還很要好的朋友，過不

了多久，就會厭倦對方，到最後只能形同陌路。雖然喜新厭舊的本性是很難改變的，但是，自己做的事，就要勇於承擔。堅持到底也是一種責任心的體現，一個沒有責任心的人，最終都會一事無成。妳要努力噢！

B

致命弱點——瞻前顧後，優柔寡斷。

妳做事情欠缺果斷，總會瞻前顧後，即使是一件小事，妳也要費盡心思仔細思量，設想各種可能性，再結合經驗、理論，好好地斟酌一番，即使如此，到了最後妳依然很難拿定主意。雖說要三思而後行，但是像妳這樣五思、六思、N思都過了，可算不得謹慎了。這樣下去，再好的機會也會與妳擦肩而過。其實，妳蠻有自信的，只是分不清楚自己到底要的是什麼，也不知道該如何把握未來。趁著還年輕，趕緊為自己的將來打算一下吧！不然的話，很容易被別人牽著鼻子走。

C

致命弱點——人見人煩的壞脾氣。

妳的脾氣真的很壞，又任性，從來不知道加以掩飾。心情好的時候，看誰都格外順眼，對人出奇的熱情；要是心情不爽，就會板著一張臉，好像整個世界的人都對不起妳似的。這還算好的呢！要是遇到妳心情極差時觸怒了妳，妳一定會不分場合的發作起來。雖然妳只是性

子直了點，並沒有壞心，但是這樣做很容易得罪人的，如果碰到心胸狹窄之輩，很可能會懷恨在心，背後捅妳一刀。「己所不欲，勿施於人」，這世界不是圍繞著妳一個人轉的，要懂得站在別人的角度想問題，妳才是真正成熟的人。

D

致命的弱點——沉溺於失去的情感當中，不敢面對現實。

妳一旦愛上一個人，對方就會成為妳的全部，妳會心甘情願地付出一切。如果對方離妳而去，妳絕不肯主動放棄，非要鑽牛角尖不可。雖然理智上妳明白感情已不再，但是在情感上，就是不肯承認這個事實。與其說妳對待感情太過執著，倒不如說妳是有點執迷不悟。妳會在很長一段時間裡獨自沉浸在失戀的痛苦中，也許會把痛苦轉為瘋狂的報復行為。其實，愛情並不是人生的全部，當愛已不在，就要瀟灑的放手，放過別人的同時，也放過了自己。

●跳槽族大逃亡

解答

A 逃亡指數：★

做事穩當是妳的特長，凡事妳都會按部就班去做，而不會想走一些捷徑，相對也反映在妳跳槽指數上，妳並不會主動的想要離開舊東家，除非發生重大的事件，或是公司一直存在妳不滿的事，不

然妳是可能老死公司的那種人，跳槽指數低。

B 逃亡指數：★★★

妳很在意一家公司的氣氛和環境，對妳而言，只要是外表光鮮亮麗的公司，不管在那裡做什麼工作，只要讓妳覺得在那裡出入很光彩，就會有想去上班的衝動。如果想要挖角，不妨帶妳去看一看公司的規模，再耍一點嘴皮子，立刻就能馬到成功。門面不美的公司，想都別想。

C 逃亡指數：★★★★

妳做事經常跟著情緒走，工作成績時起時落，很難維持在同一個標準上，一旦妳決定要離開公司，不管有沒有人來挖角，或是有沒有失業的危機，妳的心態就是大爺想走就走，誰也留不住！要挖妳的公司，只要和妳對味就成功了。

D 逃亡指數：★★★★★

妳是一個八卦資訊接收站，一聽到關於公司的一些蜚短流長，就變得緊張兮兮，巴不得立刻跳槽。除非妳有專業的技能，否則依妳這樣朝三暮四的個性，沒有哪個老闆會受得了的。

●5分鐘徹底瞭解妳自己

A型
（40分以下）
散漫，愛玩，富於幻想。聰明機靈，待人熱情，愛交朋友，但對朋友沒有嚴格的選擇標準。事業心較差，更善於享受生活，意志力和耐心都較差，我行我素。有較好的異性緣，但對愛情不夠堅持認真，容易妥協，沒有財產觀念。

B型
（40分～69分）
性情溫良，重友誼，性格踏實穩重，但有時也比較狡黠。事業心一般，對本職工作能認真對待，但對自己專業以外的事物沒有太大興趣，喜歡有規律的工作和生活，不喜歡冒險，家庭觀念強，比較善於理財。

C型
（70分～99分）
好奇心強，喜歡冒險，人緣較好。事業心一般，對待工作隨遇而安，容易妥協。善於發現有趣的事情，但耐心較差，勇於冒險，但有時較膽小。渴望浪漫的愛情，但對婚姻的要求比較現實，不善理財。

D型
（100分～139分）
愛幻想，思維較感性，以是否與自己投緣為標準來選擇朋友。性格顯得較孤傲，有時較急躁，有時優柔寡斷。事業心較強，喜歡有創造性的工作，不喜歡按常規辦事。性格倔強，言語犀利，不善於妥協。崇尚浪漫的愛情，但想法往往不切實際，金錢欲望一般。

ANSWER解答篇

E型
（140分～179分）

聰明，性格活潑，人緣好，善於交朋友，心機較深。事業心強，渴望成功。思維較理性，崇尚愛情，但當愛情與婚姻發生衝突時會選擇有利於自己的婚姻，金錢欲望強烈。

F型
（180分以上）

意志力強，頭腦冷靜，有較強的領導欲望，事業心強，不達目的不甘休。外表和善，內心高傲，對有利於自己的人際關係比較看重，有時顯得性格急躁，咄咄逼人，得理不饒人，不利於自己時頑強抗爭，不輕易認輸。思維理性，對愛情婚姻的看法很現實，金錢欲望一般。

●職場成熟度

解答

A

妳知道老闆不喜歡那些當面質疑他權威的人，所以採取了明哲保身的做法，看來妳已經在職場中有所歷練了。可是，這樣做並不是最好的選擇，老闆同樣也不喜歡自己的下屬總是以一副「事後諸葛」的面孔出現。如果真的有更好的想法，建議妳在仔細想清楚以後，用一種婉轉的方式向老闆提出來。這樣不僅顧及到了老闆的面子，還讓自己的想法得以實現。如果妳這樣做，會讓老闆覺得妳確實是在為公司的利益考量，相信以

後也會更加重用妳的。

B

妳會在顧老闆面子和實現自我價值之間取得完美的平衡，懂得用婉轉的方式向妳的上司闡述妳的觀點。由此看來，妳已經是職場達人了，相信妳的職業道路會一帆風順的，升職、加薪指日可待。

C

妳的職場成熟度實在很低！妳魯莽的舉動在一開始就讓老闆感到不舒服，覺得沒有面子。雖然忠言逆耳，但還是會讓老闆感到妳似乎不夠資格管理這一切。給妳一個職場小建議：當妳對老闆的決定有不同意見時，不要直接說出反對意見，要知道妳這種表現會讓老闆覺得妳在質疑他的權威，本來妳是好心建議，最後反而會讓自己處於很尷尬的地位。

●走出自卑的沼澤地

標題／分數	A	B	C
Q1	5	3	1
Q2	5	1	3
Q3	1	5	3
Q4	5	1	3
Q5	5	1	3
Q6	5	1	3
Q7	5	1	3
Q8	3	5	1
Q9	3	5	1
Q10	3	5	1
Q11	3	5	1
Q12	5	1	3
Q13	5	1	3
Q14	1	5	3

類型A

（15～29分）環境變化造成的原因。

妳沒有自卑感，無論實際情況如何發展，妳都保持著樂觀的心態，並且很有自信。妳對自己的能力和外貌充滿信心，並且為之驕傲，極少有自卑感。如果妳抱有自卑感，也是環境變化的緣故，譬如當妳進入有許多優秀學生的班級或有許多明星人物的場合等等。

類型B

（30～44分）理想過高造成的原因。

妳有過分追求、理想太大的缺點。妳不滿足於現狀，想出人頭地，導致妳去追求不切實際的幻想。也可以說，妳過於與周圍的人計較長短勝負，過於追求虛榮，反而陷入自卑感中而不能自拔。

類型C

（45～60分）過早斷定造成的原因。

妳在做事前就過早斷定自己沒有這個能力，自認為不如別人，主要是妳不瞭解其他人的真實狀況，不清楚事情的本來面目，弄清楚後就會恍然大悟：「怎麼，竟是這樣的呀！」隨後就坦然自若。妳的自卑感主要是由於妳的無知導致的，自認為不行就心灰意冷。

類型D

（61～75分）性格懦弱造成的原因。

經常用消極悲觀的眼光看待事物，這與妳的自卑感有關。缺點在於妳對自身的才能和外貌缺乏自信，只看到事情不利的一面，做事前就認為自己不行。懦弱的性格是妳產生自卑感的原因。不管是與人交往還是工作、學習，懦弱都會讓妳苦不堪言。

●自我形象定位

I.自然型

自然型是名副其實的自然形象。不擺架子、親切、給人活潑自然的形象。妳既然喜歡這種類型，穿著牛仔或長褲可能是最適合妳的。另外，休閒運動型也是屬於這種類型。此類型的人最愛穿著休閒裝，但上班時也不要穿得太離譜，雖然穿正式服裝感覺彆扭，若是能完全的變化心境也是人生一大樂事。打扮時勿使用過多的顏色，而要整體一致的襯托出自然派的特質。自然型適合的職業是：傳播媒體、廣告代理商、自由業。

II.優雅型

優雅就是嫵媚的特徵。妳經常面帶笑容，對人也能夠溫柔接待，雖然不善於周旋於眾人之間，但大部分人都可以成為妳的朋友。女性若是被人誇讚為「優雅」時就顯得很愉快，此類型的人，套裝是最為合適的服飾。雖然運動裝流行，對妳也不太適合，但有時刻意顯露活潑也是不錯的選擇。優

157

ANSWER 解答篇

雅型適合的職業是：祕書、服務業。

III.高尚型

屬於這類型的人，最喜歡從事實務性和活動性的工作，個性充滿積極，有魄力。衣服質料要選擇厚質感，適合上下裝，但在輕妝淡抹之際，盡可能表現出女性特有的味道。這種類型的人，無論在休閒裝或上班裝方面都很擅長，但是在打扮時，要在盡可能的範圍內，於銳利中顯現出女人味；髮型要短些，化妝最好要在最低限度。高尚型適合的職業是：教師、播音員、翻譯。

IV.浪漫型

這種類型的女人富有女人味，柔美、謙遜。此型的人十分重視人和，尤其重視一家團圓的氣氛。妳的可愛和體貼會使得周圍的人感到溫馨和富有魅力。雖然妳有「夢想」，但有時難免會給人脫離現實的感覺。建議妳不要打扮得過於華麗，盡量走高品味而又浪漫的路線。髮型是帶有柔和波浪的中長髮或者長髮，而以粉色調輕妝淡抹加以裝扮。浪漫型適合的職業是：模特兒、幼稚園老師、鋼琴老師。

V.戲劇型

耀眼、誇張、極端是這類型人的代表形象。此類型的人不太溫柔且十分倔強。不喜歡接受別人的忠告。在工作方面雖然太過激進，但能選擇適合自己的職業，因此在辦公室閙事的機會

不多。此外，擁有明星夢想的妳，最喜歡在家人面前作秀，而且最討厭模仿別人，這種獨特性格是妳所標榜的形象。所以妳經常引領潮流，走在時髦的尖端。不妨嘗試穿著和別人不同的服飾。髮型要大膽，化妝也重視對稱效果，勸妳使用整體一致的色彩。戲劇型適合的職業是：有創造性的工作、設計家、藝術家。

●正確看待妳自己

性格類型	內向的悲觀者(低於20分)	缺乏信心的挑釁者(21分到30分)	以牙還牙的自我保護者(31分到40分)
解析	妳是一個要面子的人，別人不太瞭解妳，甚至不散去承擔責任，只有那本一般人深知妳裡的人才懂得珍惜。	小一衡敏感也要勤勉動是一個緩慢的事情謹慎而小心的天性所以引起的。但信任是妳工作一定的守的這種令妳一部分因反應類型分容易因為妳。	的妳，快個是很寬容，一個機智一旦會知道要學明和人的天賦，謹慎，成為妳的幹部標榜此幹部朋友。但相當被破壞對朋友，信任是妳的那些信任是很難熬會使妳很解釋過。它非常的相當對，卻對人的。你不會很信任
性格類型	平衡的中庸主義者(41分到50分)	吸引人的冒險家(51分到60分)	傲慢的獨行俠(60分以上)
解析	解析人，此焦點因而昏了但是妳能給予人們快樂。究竟是一個新鮮的是妳有足夠的活力，和藹、能付出，體貼、並不會諒	妳，，離。所當然妳具活氣生試嫩決定的你周圍的何事非常的妳魅力，非常的是妳喜歡跟妳散出容是妳喜歡冒熱情	來近人，別往會中有所護躊的慾相個是自欲自負極強人，別人難妳更深入的靠以自我為中心的

●妳的偏執過了火

A類：祭司——只有偏執狂才會挨刀。偏執指數：★★★★★

這個結果，意味著兩種可能：1、妳根本不屬於偏執狂中的一員；2、妳比偏執狂危險許多。原因是妳超常的自我克制力。外表上不具備偏執狂的特徵，但潛意識裡妳似乎有「偏執狂才能成功」的幻覺。

B類：戰士——只有偏執狂才是英雄。偏執指數：★★★★

高度偏執狂一般會在遊戲裡選擇戰士職業，因為自尊，也因為自負。這類偏執狂的思維模式可以用很多「自」開頭的語詞形容：自我中心、自以為是、自命不凡……當然擁有比別人多幾倍的魄力以及遠見和固執，一旦認定目標，就有咬定青山不放鬆的衝勁，就算撞到南牆也不會回頭。對妳來說，只有巨大成功和嚴重失敗，沒有中間狀態。一旦失敗就容易一蹶不振。偏執狂一般都不擅長收拾殘局。

C類：法師——只有偏執狂才會快樂。偏執指數：★★★

身為一個中度偏執狂，妄想是妳比較突出的症狀，另外一個特徵是想得多但做得少，不喜歡孤注一擲，在機會的臺階面前，稍一猶豫就錯過了成功，或者錯過了失敗。妳的偏執狂以保身為原則，幻想自己被拋到陌生世界，最終獲得一切，但真的有這樣的機會，妳多半會選擇退縮。如果妳對

外隱瞞妄想內容，則看不出與正常人有什麼差異。妳要成功，得依靠更多命運的推動。

D類：盜賊——只有偏執狂才能生存。偏執指數：★★

偏執狂只是存在的基礎，而不是生活的全部，妳的偏執只集中在自己所傾心的事物上，娛樂、學習，或者工作。低度偏執狂不會讓部分偏執干擾自己的全部生活。這個類型佔據了人群的絕大多數，他們擁有成功，但只是表面，還有更多無法滿足的欲望不能說出口。如果沒有這一點偏執，將失去絕大一部分的樂趣。低度偏執狂80％選擇盜賊職業的原因，是這個職業的雙重面孔。

●妳真的老了嗎？

解說

把各題的得分相加，算出總積分，再根據下表查出自己所屬的心理年齡範圍。

積分	75分以上	65~74分	50~64分	30~49分	29分以下
心理年齡評估	60歲以上	50~59歲	40~49歲	30~39歲	29歲以下

159

ANSWER解答篇

●遊刃有餘的工作

解答

 A

妳適合從事接近群眾的工作。例如電視明星、立委等需要群眾支持的工作都算是。無頭鬼坐在床邊代表這個人和妳密不可分,可是妳又無法看清他是誰。就像棒球明星會累積一定的球迷,也靠球迷吃飯,可是又無法知道誰是誰一樣。其他像是公司的公關、便利商店的店員或是銀行的服務人員也都可以歸於此類。

B

妳比較適合從事業務的工作。妳的個性比較好動,無法整天坐在辦公室甚至會悶出病來,妳也不喜歡受拘束,所以妳的職業比較傾向於可以常常到外頭走動的工作,像是拉保險、直銷等等。床開始搖晃不讓妳睡代表做業務時,拜訪客戶常常會發生的拒絕、碰壁。其他像是大老闆的司機或是送、收貨員也都可以歸於此類。

C

妳比較適合SOHO一族,或是醫生、律師等職業。這類型的工作多半是擁有自己的專屬空間,有一定的收入來源,而且比較固定不容易被外界所影響。有人從窗外瞪妳也代表來自於周遭對妳的不滿和異樣的眼光;在窗外代表不容易對妳造成影響。例如老師的工作,不管妳教得再差勁,甚至被批評得一文不值,可

是並不會讓妳因此丟了飯碗。其他例如公務員的肥缺也都可以歸類於此。

D

妳比較喜歡的是一份很穩定的工作,尤其是公司的主管(員工)等比較不需要到外面拋頭露面的內勤工作。廁所傳來開關門聲和女人嘆息聲代表妳會受到來自於上級的壓力或是主管的責備;比較起來,妳寧願整天待在辦公室裡吹冷氣也勝過到外面去忍受風吹日曬;其他諸如高科技產業的技師或工程師,企業的網路工程師或是會計等等也都是屬於此類。

●畫圖投射妳的內心

(1)樹枝部分:代表妳在現實環境中的表現,而且可以看出妳的生活行為模式(表現力)。

(2)樹幹部分:表示妳自我傾聽的意識,即本能、愛慾及情感等(生命力)。

(3)樹根部分:意味著平時隱而不見的潛意識,也可看出妳的自制力。

如果樹枝部分很茂盛,即可知此人表現慾強,如果樹幹細且很長,表示此人敏感易受傷害。

再者,從畫上樹木的左、右、上、下,偏向哪一方,也可探測出潛意識,把樹分為十字形:

160

（1）愈是強調樹的上方，愈是屬於理智型、追求精神活動的人。

（2）如果下方畫的大，表示意志力強，有衝勁。

（3）畫的樹如果偏向右或把右方畫大，表示外向，且對未充滿希望。

（4）相反的，如果是強調左方，則表示內向，常拘泥於傳統，不敢貿然行事。這棵樹，畫得愈是上、下、左、右均衡，表示妳的性格愈穩定，待人處世也較圓滿。

心理延伸：每個人對樹木都有不同的意象。所以在繪畫時，無形中會表露出自己的內心與性格。

（1）如果妳畫的樹與所用的紙張相比，比例偏小，說明妳是一個腳踏實地工作的人。

（2）如果妳畫的樹與所用紙張相比，比例偏大，說明妳是一個自我張揚的人。

（3）將紙上下對折一次，如果妳畫的樹在紙的上半部，表示妳是一個理想主義者。

（4）如果妳畫的樹在紙的下半部，表示妳是一個現實主義者。

（5）如果妳畫的樹沒有葉子，妳目前生活狀況可能不太理想。

（6）如果妳畫的樹長滿了果實，說明妳是一個內心充滿了權力和金錢欲望的人。

（7）妳如果把葉子畫得形象很逼真，說明妳是一個追求完美和完善的人。

（8）如果妳畫的是竹子，說明妳是一個孤芳自賞的人。

（9）如果妳畫的是楊柳，說明妳是被生活的磨難壓彎了腰的人。

（10）如果妳畫的樹上有樹洞，說明妳是一個缺乏安全感的人。

（11）如果妳畫的樹上有樹節，說明妳是一個有心理創傷的人，節越低，說明妳心理創傷的年齡越小。

（12）妳畫的樹下面長滿了小草，樹和周圍的景物畫得對稱，顯示妳是一個沒有開創精神的人，但妳卻是一個追求工作四平八穩的人。

（13）如果妳畫的樹像一個魚骨頭，說明妳腦中已有病變。

（14）如果妳畫的樹有樹根，說明妳內心充滿了衝突與衝突。

（15）如果妳三分鐘內畫出了一片森林，說明妳是一個不太在意外界感受和要求的人。

國家圖書館出版品預行編目資料

心理遊戲好好玩／腦力＆創意工作室編著.

第一版——臺北市：知青頻道出版；

紅螞蟻圖書發行, 2009.11

面 ； 公分. ——（Brain；7）

ISBN 978-986-6643-93-4（平裝）

1.心理測驗

179.1   98018554

Brain 07

心理遊戲好好玩

編　　著／腦力＆創意工作室

美術構成／引子設計

校　　對／朱慧蒨、楊安妮

發 行 人／賴秀珍

榮譽總監／張錦基

總 編 輯／何南輝

出　　版／知青頻道出版有限公司

發　　行／紅螞蟻圖書有限公司

地　　址／台北市內湖區舊宗路二段121巷28號4F

網　　站／www.e-redant.com

郵撥帳號／1604621-1　紅螞蟻圖書有限公司

電　　話／(02) 2795-3656（代表號）

傳　　真／(02) 2795-4100

登 記 證／局版北市業字第796號

數位閱聽／www.onlinebook.com

港澳總經銷／和平圖書有限公司

地　　址／香港柴灣嘉業街12號百樂門大廈17F

電　　話／(852) 2804-6687

新馬總經銷／諾文文化事業私人有限公司

新加坡／TEL：(65) 6462-6141　FAX：(65) 6469-4043

馬來西亞／TEL：(603) 9179-6333　FAX：(603) 9179-6060

法律顧問／許晏賓律師

印 刷 廠／鴻運彩色印刷有限公司

出版日期／2009年11月　第一版第一刷

定價180元　港幣60元

ISBN 978-986-6643-93-4　　　　　　Printed in Taiwan